PIÉCETTES

*Il a été tiré de cet ouvrage 20 exemplaires numérotés
sur papier hollande.*

Camille BRUNO

PIÉCETTES

LECTURES

ET REPRÉSENTATIONS DE SALON

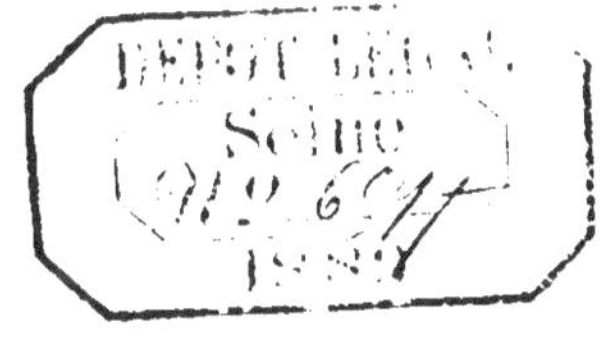

PARIS

E. DENTU, ÉDITEUR

LIBRAIRE DE LA SOCIÉTÉ DES GENS DE LETTRES

3, PLACE DE VALOIS, PALAIS-ROYAL

1889

LOUISE

PERSONNAGES.

LOUISE, 20 ans.

GASTON, 33 ans.

PHILIPPE, 40 ans.

LOUISE

DRAME EN UN ACTE

Le théâtre représente un salon-bibliothèque. —
Il est neuf heures du soir.

SCÈNE PREMIÈRE

Il écrit à une table chargée de papiers.)

GASTON, seul.

« Telle est ma volonté — Gaston de Coutanges. — » (Il range le papier). Ceci là. (Il place à côté une boîte de pistolets.) Cela ici... Ce n'est pas plus difficile que cela. Les anciens compliquaient tout... (Il se lève). Seigneur Socrate, j'ai insulté vos mânes. Vous m'en demanderez raison tout à l'heure... Et mais... pourquoi pas tout de suite... (Il étend la main vers les pistolets et la retire). Quelqu'un !

SCÈNE II

GASTON, PHILIPPE

GASTON

Tiens, c'est toi.

PHILIPPE, entrant vivement.

Eh bien, j'en apprends de belles, et tu t'es mis dans de jolis draps !

GASTON

Comment cela ?

PHILIPPE

Tu as signé un acte d'association avec Ephraïm ; mais tu ne sais donc pas ce que vaut le personnage ?

GASTON, marqué.

Peut-être ai-je un moyen de me tirer de là.

PHILIPPE

Pas meilleur que le mien, car je sais sur le compte d'Ephraïm un petit secret dont la révélation lui coûterait cher. Je me suis heureusement trouvé là au moment où il allait tracer ton nom sur sa liste véreuse, et j'ai pu, en l'intimidant, obtenir qu'il déchirât le traité.

GASTON, lui tendant la main.

Je te remercie, Philippe. Tu es un brave ami.

PHILIPPE

Cela devait te gêner, un poids pareil ! Comment t'avait-on circonvenu ?

GASTON, préoccupé à partir de ce moment, regarde sans cesse la boîte aux pistolets.

Un soir où j'étais gris.

PHILIPPE

Enfin, te voilà libéré. Cela éclaircit ton existence. Tu n'es pas à plaindre : tu es jeune, intelligent...

GASTON

Et beau, et riche, va toujours.

PHILIPPE

Mais oui : et beau, et riche. On l'est toujours à trente-trois ans.

GASTON, ironique.

Je crois bien ! aussi j'aime la vie... Ah ! un rhume de cerveau m'épouvante. Je suis si utile en ce monde ! ce serait vraiment dommage de m'en aller...

PHILIPPE, à part.

Toujours l'obsession !

GASTON, nerveux.

A propos, et la pièce d'Armand ? Je te croyais de claque ce soir.

PHILIPPE

C'est remis. La soubrette est malade.

GASTON

Que vas-tu faire de ta soirée ?

PHILIPPE

Moi ? rien. A moins que je n'entre à l'Opéra pour le ballet.

GASTON

Tu sais qu'il commence de bonne heure ?

PHILIPPE

Oui... allons. (Il se lève. Gaston le pousse vers la porte).

GASTON

Ne passe pas par ici en rentrant chez toi.

PHILIPPE

Tu te coucheras de bonne heure ?

GASTON, d'un ton singulier.

Oui... Et je dormirai profondément.

PHILIPPE, arrivé au seuil, se retourne avec explosion.

Ah ! dis donc tout de suite que tu veux te tuer.

GASTON

Allons, bon ! en voici bien d'une autre ! Tu as des idées rococo, mon pauvre garçon : est-ce qu'on se tue ? Bonsoir, dors bien et ne fait pas de mauvais rêves.

PHILIPPE

Tu m'offenses, Gaston. Tu me réponds comme au premier venu, moi que tu traitais d'ami tout à l'heure. Crois-moi : cette injure est un vilain passe-port pour l'autre monde.

GASTON

Eh bien, sois donc un homme ! et si tu veux que je te parle franc, comme j'en ai bonne envie, ne tremble pas et ne gémis pas devant une chose toute naturelle dont nous avons causé cent fois avec la tranquillité qu'elle implique... Figure-toi donc tout bonnement que je prends le train cette nuit et que voici la locomotive.

Montrant le pistolet.

PHILIPPE

Oui... J'ai longtemps partagé tes idées à ce sujet, puis le temps a fait son œuvre inéluctable. La grande logique du genre humain s'est imposée peu à peu à ma raison. Sans oser se l'avouer à lui-même, l'esprit fort d'autrefois en arrivait au niveau du premier bourgeois venu. Aujourd'hui, je sens que mes théories sont mortes, et je te le dis pratiquement : Gaston, tu vas faire une sottise, criminelle, irréparable... inutile !

GASTON

Ah ! parbleu, soyons pratiques ! cela me va, j'ai quelques données là-dessus, moi aussi. Je vais t'en instruire, et par la même occasion, puisque la fatalité t'a mis au courant, je vais te charger du détail dont je m'empétrais... Je t'assure qu'après un quart d'heure de conversation raisonnable, on s'en va bien plus commodément.

PHILIPPE

Parle donc.

GASTON

Jure seulement que je n'aurai point le sermon avant
l'oraison funèbre.

PHILIPPE

Je te le jure. Et maintenant, au nom du ciel ou de l'enfer, si tu crois plus à l'un qu'à l'autre, dis-moi pourquoi
tu veux mourir.

GASTON

Ami, quand les verres sont vides, les parfums éva-
nouis, les roses mortes, la chanteuse épuisée, le convive
se lève sans qu'on le retienne et quitte insoucieusement le
festin. J'ai tiré le meilleur parti possible de cette existence que je n'avais pas demandée. La voilà plus terne
qu'un jour d'octobre et plus desséchée qu'une vieille de
cent ans ; me voilà cassé, lassé, passé, comme dirait la
femme au turban. Je m'en vais. Qu'a-t-on à me dire ? Ne
va pas me parler de ceux que je laisse... Je leur donne
la douceur de me pleurer, au lieu du désespoir de me
maudire. Je les aurais ruinés sûrement... déshonorés
peut-être — témoin mon affaire avec Ephraïm... Ma mort
ne leur sera pas si inutile que tu parais le croire. Je me
suis assuré ce matin, et d'après mon air de santé, on m'a
payé très cher !

PHILIPPE

Alors,... voilà tes motifs ?

GASTON

Sais-tu... eh bien, j'ai une autre raison... ma conscience. C'est un drôle de mot ça, hein ? D'autant que je ne sais pas à quel bout est raccroché cet organe, et quelle est la voix qui se sert de moi-même pour me crier des reproches. Mais enfin, c'est comme ça, que veux-tu ? Je n'y puis rien.

PHILIPPE

Je ne comprends pas.

GASTON

Cela part d'un épisode assez piquant. (Il se lève.) L'une de mes conquêtes se fit enlever par le plus ancien de mes camarades, le matin du jour où je devais me battre avec son mari. Elle nous laissa pour compte l'un à l'autre, comme deux gênants vestiges de son passé, avec permission de nous entredétruire pour charmer le temps. Dans le but de ne pas être tué moi-même, je rendis à la belle le service de lui tuer son époux. Une fois le coup fait, je reçus des informations sur mon adversaire. Il avait été le meilleur ami de ma famille. Il avait soigné mon père dans sa dernière maladie ; sans me connaître il avait excusé mes fautes aux yeux de tous... Philippe, je ne sais pas pourquoi, mais cet homme me hante, et ne pouvant le rendre à la vie, je veux le suivre dans la mort.

PHILIPPE, se levant.

Ah ! tu vois bien que tu as une âme !

1.

GASTON

Allons... tu ne comprends pas que je te paie d'une défaite ? — J'ai assez de ce monde, j'essaie d'un autre. Ma planète est rebattue. Je vais explorer Jupiter ou Saturne. Pour faire une fin, j'avais l'alternative du mariage ou du pistolet : j'ai pris comme de juste le genre de mort le plus doux et le moins bourgeois. Enfin, c'est dit. Maintenant, causons affaires.

PHILIPPE

Non, c'est à mon tour de parler. Sais-tu bien que tu n'as pas le droit de mourir...

GASTON

Tiens... je croyais que tu tenais tes promesses... Comme on a tort de croire à quelque chose !

PHILIPPE, se rasseyant.

C'est juste. J'ai juré de me taire, et je tiendrai mon serment, quoi qu'il m'en coûte. Parle. Je ne suis là que pour t'entendre et t'obéir.

GASTON

Tu le dois, car c'est de ta filleule qu'il va être question. Ma terre de Champdoré doit lui revenir après ma mort.

PHILIPPE

C'est juste, elle est ta seule parente.

GASTON

Elle, et sa grand'mère, la vieille tante Fanny qui m'a élevé... ce dont je ne lui fais pas compliment.

PHILIPPE

Elle a élevé Louise aussi.

GASTON

Oui, chez nous on est orphelin au berceau. Pauvre vieille ! elle n'a plus la tête bien solide et ne fera guère de vieux os. Elle ne laissera rien. Mais Louise a le bien de son père, avec cela elle pourra entretenir Champdoré.

PHILIPPE

Tu as dû l'hypothéquer avant de recourir à d'autres expédients ?

GASTON

Non, mon père tenait à ce domaine et je m'étais juré de le laisser intact.

PHILIPPE

Et tu as tenu parole ?... bien, cela !

GASTON

Ne dis pas de bêtises : tu vois que la position de ma cousine est bonne. Eh bien, si ta sympathie lui est acquise comme il m'a souvent semblé le voir, épouse-la : Cela te va-t-il ?

PHILIPPE

Que me dis-tu là, Gaston ? Ce mariage comblerait mes désirs... mais vingt ans nous séparent, elle et moi. Je sens la grandeur de l'obstacle, et je n'aurai pas le triste courage de forcer son inclination.

GASTON

Bah ! Louise est une bonne petite fille, une âme toute faite, calme et monotone, comme le lac de Thoun ; elle est de la grande famille des raisonnables : elle aimera celui qui l'aimera. Et maintenant, du champagne ! (Il remplit son verre et se lève.) Je bois à la terre inconnue dont je vais aborder la rive. Je bois à la solution de tous les doutes, à la rupture de toutes les chaines. J'affirme que la vie est dérisoire et que la mort est rationnelle. J'invite toute l'humanité à me suivre. J'ouvre hardiment la porte noire, et j'entre d'un bond dans l'avenir. De quelque façon qu'on le nomme, enfer du Dante ou néant éternel, je bois à cet avenir masqué, et, ma libation offerte, je briserai ma vie comme cette coupe ! (Il la brise)

SCÈNE III

LES MÊMES, LOUISE

LOUISE

Gaston... pas tant de bruit.

GASTON, brusque.

Pourquoi ?

LOUISE

Grand'mère dort.

GASTON, même jeu.

Au bout de l'appartement n'est-ce pas ?

LOUISE, indiquant une porte.

Mais non, tu sais bien qu'elle a repris cette chambre.

GASTON, troublé.

La chambre de ma mère... ah !.. — (un silence, puis il prend son chapeau. Bas, à Philippe : Bonsoir, j'ai à sortir. Je te laisse le terrain libre : parle-lui mariage.

PHILIPPE, le regardant dans les yeux.

Tu reviendras ?

GASTON

Je te le jure.

LOUISE, seule à part.

Dieu soit loué ! Il n'a pas oublié sa mère !

SCÈNE IV

LOUISE, PHILIPPE

PHILIPPE, lui tendant la main.

Eh bien, Louise, vous ne me dites pas bonjour?

LOUISE, la lui serrant amicalement.

Comme si vous pouviez douter du plaisir que me fait votre visite.

PHILIPPE

Le mien n'est pas moindre, croyez-le bien.

LOUISE

Aussi Gaston s'est discrètement retiré, comme on fait devant deux bons amis qui n'ont pas souvent l'occasion de causer ensemble.

PHILIPPE

Gaston est agité ce soir. Vous avez bien fait d'entrer. Il se grisait de paroles.

LOUISE

Puisque nous sommes sur ce chapitre, je vais tout de suite vous présenter ma requête.

PHILIPPE

Une requête ! J'écoute.

LOUISE

En votre qualité de tuteur, vous gérez le petit bien que
m'a laissé mon père ; autorisez-moi à en user aujourd'hui.
Ma majorité étant proche, j'empiète de bien peu sur mes
droits ; faites cela, mon parrain, et comptez sur mon
éternelle reconnaissance.

PHILIPPE

Je ne puis vous délivrer un centime sans connaître
l'usage que vous voulez en faire.

LOUISE

J'apprécie trop votre caractère pour craindre une indis-
crétion. Je vous l'avouerai donc sans détour : Je veux
payer les dettes de Gaston.

PHILIPPE

Payer les dettes de Gaston ?

LOUISE

Des créanciers frappent journellement à notre porte.
Je les éloigne avec des promesses qui coûtent cher à mon
orgueil ; le temps est venu de les remplir. Jusqu'à ce jour
rien n'a transpiré près de grand'mère ; ce serait un rude
coup pour elle. Il faut qu'on le lui évite. Gaston paraît
préoccupé. Il fuit notre présence ; peut-être craint-il nos

reproches. Une fois ses affaires liquidées, il changera sans doute son train de vie.

PHILIPPE, à part.

Et songer à se tuer !

LOUISE

Vous hésitez ! réfléchissez, mon parrain, qu'en soldant ses dettes j'acquitte les miennes. Mon père, dans un moment de gêne, fut aidé par celui de Gaston : j'en ai retrouvé la preuve dans ses papiers. D'ailleurs ma grand'-mère, sans s'en douter, ne peut suffire à son propre entretien. Par délicatesse Gaston est demeuré chez elle et lui paie un loyer dont j'apprécie l'exagération... Allez, mon parrain, calculez avec le cœur ou avec la tête, vous trouverez toujours la balance de la dette penchant de mon côté.

PHILIPPE

Je n'hésite pas, mon enfant. Vous pouvez vous donner le luxe d'un bienfait, car Gaston, par une coïncidence singulière, vous a, de son côté, garanti une dot sûre que vous retrouverez toujours.

LOUISE

Il a pris un soin inutile. Je ne compte pas me marier.

PHILIPPE

Il vous réservait pourtant cent mille francs dans cette intention.

LOUISE

Dans cette intention ? Je dois l'en remercier, sans doute, mais je répète que je ne puis en profiter.

PHILIPPE

Nous reparlerons de tout ceci : il est tard, et vous semblez fatiguée.

LOUISE

Oui, l'été m'oppresse. Il passait aujourd'hui dans l'air des langueurs douloureuses qui m'ont lassée... le repos des nuits calme tout.

PHILIPPE

Moi, le médecin, je constate pourtant une santé meilleure. Mais l'essentiel n'est pas là. Louise, êtes-vous heureuse ?

LOUISE

Je puis me passer de bonheur. Je ne sais même si j'aurais la force d'en supporter une large dose ; en attendant je vais essayer du sommeil. Au revoir, mon parrain.

PHILIPPE

Au revoir, ma fille. Priez pour moi !

LOUISE

Je n'y manque jamais. Plus que vous peut-être, j'aurais besoin qu'on priât pour moi. J'espère que l'oraison

universelle retombera en bénédictions sur moi qui prie
pour les autres. Bonne nuit...

PHILIPPE, à part.

Elle l'aime !

SCÈNE V

PHILIPPE, GASTON

GASTON

Eh bien, est-ce fait ?

PHILIPPE, en sursaut.

Quoi donc ?

GASTON

Ta demande ?

PHILIPPE

Moins que jamais ; je n'ai pas même abordé la question.

GASTON

Alors, elle te déplait, décidément ? Tu la trouves trop
enfant, trop ordinaire, trop...

PHILIPPE

Assez, malheureux ! Cette jeune fille est la noblesse, le

charme, la tendresse personnifiés. et si je ne mets pas
ma vie entre ses mains. . C'est qu'elle t'aime !

GASTON

Ah ! Philippe, ris de tout avec moi, je ne suis pas scru-
puleux, tu le sais... mais respecte cette enfant qui est
pure sous le ciel !

PHILIPPE

Est-ce donc un crime que de t'aimer ?

GASTON

Non, vois-tu, c'est plus fort que moi. Je vaux si peu de
chose, et j'ai été aimé par de si étranges créatures qu'il
me semble que tu l'outrages... D'ailleurs, tu te moques
de moi, et tu n'aurais pas une preuve à me donner...

PHILIPPE

Elle m'a offert sa dot pour payer tes dettes.

GASTON

Ah! elle a fait cela. C'est pour l'honneur du nom. Ensuite?

PHILIPPE

Ensuite... elle est résolue à ne jamais se marier.

GASTON

Voilà des raisons probantes !

PHILIPPE

Enfin, je le sens,... je le sais... je le vois !

GASTON

Folie ! enfantillage ! Tu dis cela pour me surprendre, moi qui suis rassasié de tous les étonnements. Louise m'aimer !... Crois-tu donc que voilà un grand événement qui m'arrive ? C'est peut-être bien excitant pour un homme à bonnes fortunes d'éveiller un cœur tout neuf, d'être le héros d'une fillette qui le tutoie... Louise m'aimer !... (Changeant de ton.) Eh bien, oui, cela m'intéresse ! Il existe encore dans ma vie gaspillée un reste de curiosité ardente, et sur son âme, si ce que tu m'annonces est vrai, elle va me le dire, et sur l'heure, et follement, comme elle doit le penser. Je veux qu'elle me jette son amour à la figure comme une dernière secousse comme pour préparer celle de la mort.

PHILIPPE

Prends garde, Gaston ! Ne touche pas trop fort à cette nature délicate. Les émotions lui sont funestes. Au sortir de sa dernière crise, tu t'en souviens, j'ai constaté un progrès dans son état, et j'ai fait espérer sa guérison complète, si rien ne venait troubler le calme dont elle a besoin.

GASTON

Assez ! car, pour moi aussi, c'est une question de vie ou de mort qui s'agite. Si tu m'aimes, Philippe, comprends bien qu'aucun raisonnement ne peut m'atteindre, car je

ne sais pas si tout cela me fait horreur ou pitié ; mais je
sais que s'il est au monde une chose qui vaille la peine de
vivre, c'est cette chose dont tu m'as parlé. (Il va à la porte
et appelle.) Louise !

LOUISE, du dehors.

Me voici !

GASTON, à Philippe.

Va-t-en, je t'en prie !

PHILIPPE

Sois prudent, Gaston ! Songe à sa faiblesse.

GASTON

Laisse-moi faire. Adieu ! (Il reste absorbé sur un fauteuil
pendant que Philippe sort et ne voit pas entrer Louise.)

SCÈNE VI

LOUISE, GASTON

LOUISE

Tu m'as appelée, Gaston ?

GASTON, tressaillant.

Oui. (Elle s'accoude à la cheminée.) Philippe, sort d'ici, et je
te dirai sans autre préambule qu'il m'a demandé ta main.

LOUISE

Ma main ?

GASTON

C'est comme je te le dis.

LOUISE

La singulière idée !

GASTON

Tu trouves. C'est aussi mon avis, mais ce n'est pas une réponse.

LOUISE

Oh ! ma réponse est toute faite : je ne compte pas me marier.

GASTON

Voilà qui est un peu précipité ; permets-moi de plaider la cause de Philippe, qui serait en somme un bon parti, jeune encore, riche, et sincèrement épris de toi.

LOUISE

Mon refus ne le concerne pas, lui, mais est relatif au mariage ; je me trouve bien ainsi, je n'ai nulle envie de changer.

GASTON

Allons, tu es encore plus jeune que je ne croyais ! pas même romanesque !

LOUISE

Mon Dieu, non, je ne vois rien d'intéressant dans ce qui passionne les autres femmes, et il est inutile d'accepter l'amour quand on n'entrevoit pas la possibilité de le rendre.

GASTON

Eh bien, c'est dit, tu resteras avec grand'mère quand je me marierai.

LOUISE

Tu peux y compter.

GASTON

Car, si étonnant que cela paraisse, je compte me marier.

LOUISE

Je ne m'en étonne pas du tout. J'ai toujours pensé que tu finirais par là. Tout le monde n'a pas mes idées à ce sujet.

GASTON

Tu viendras passer l'été chez moi si je me marie à la campagne.

LOUISE

Oui, tu connais mes goûts champêtres, et tu sais que je puis me rendre utile dans les travaux d'intérieur.

GASTON

Ne fut-ce qu'auprès de mes enfants, je réclamerai certainement ton concours.

LOUISE

C'est tout à fait mon lot de jouer avec eux. Rien qu'à les regarder, je serai contente.

GASTON

Ils seront beaux à voir sans doute, car je ne veux épouser qu'une belle fille. Je la veux bonne aussi, et capable de se faire aimer de toi.

LOUISE

Nous nous entendrons à merveille.

GASTON

Et peut-être alors te marierons-nous à un voisin.

LOUISE

Je ne pense pas changer d'avis, mais il ne faut jurer de rien, et tu pourras toujours essayer.

GASTON, à part.

Allons ! je crois que l'épreuve est complète. Philippe s'était trompé, il est temps d'en finir avec tout ceci. (Haut.) Viens donc par ici, Louison. (Elle s'approche.) Je vais te montrer une pièce à grand spectacle et tu seras aux premières loges. Avec ta permission, ma chère amie, je vais me servir de ce petit objet. (Il prend négligemment un pistolet et l'appuie sur son front. Louise pousse un cri, le lui arrache. Il la poursuit.) Louise! pas d'enfantillages! Voyons, rends-moi cela, ou je vais le prendre de force.

LOUISE, arrivée à la porte, se retourne en cachant l'arme derrière elle.

Ose-le donc! Ose donc me disputer ta vie, seul but et seule raison de la mienne! Ose donc m'enlever l'amer plaisir dont se contentait ma jeunesse! C'est mon droit que ta vie! Depuis que je me connais, tu as rempli toute mon âme. J'ai renoncé à la joie, à l'amour, à la maternité, pour que rien ne séparât ma pensée de la tienne. J'ai pleuré des nuits entières, dans l'étouffement de mon silence, dans l'humiliation de ma chaine. Je t'ai vu flétrir dans le vice tous les nobles instincts que j'avais aimés en toi, et mon âme avilie s'est inclinée devant la tienne plutôt que de renoncer à l'amour dont elle avait fait sa substance... Tout cela n'est rien, sans doute. Aimer jusqu'à mourir, ce n'est pas un titre... être aimé, à la bonne heure! on a le droit de tuer qui vous aime... fais-le du moins en connaissance de cause. Ah! ma passion s'est bien cachée! J'étais moins que rien à tes yeux. L'on me disait que j'étais belle, et tu ne me regardais pas. Tout me prouvait que j'étais femme, et tu me traitais en enfant. Tout à l'heure, pourtant, tu m'as daigné parler de toi, mais dans quels termes! Je ne sais quel instinct féroce t'a fait me torturer à plaisir sans que mon visage traduisit une minute la souffrance qui me déchirait le sein. Mais tu fais plus, tu veux mourir!... Eh bien, ce droit, je te le dénie! Je n'ai rien espéré, moi! Je n'ai rien demandé à Dieu! Je n'ai jamais pensé que ton amour pût être mon partage... J'en aurais dû craindre la flétrissure... je n'osais en rêver le bonheur. Te voir vivre,

respirer le même air que toi, regarder ta figure, entendre
tes paroles, c'était ma seule joie ici-bas, et tu m'en prives!
Soit! Alors, moi aussi j'ai le droit de déserter! Viens
donc! et si tu veux te charger d'un double crime,
reprends cette arme, arrache-moi la vie, puis réponds
de ta mort et de la mienne devant Dieu !

(Elle sort violemment.)

SCÈNE VII

GASTON, seul. Il s'assied lourdement près de la table et parle en s'ani-
mant par degrés.

Mon Dieu!.. Mon Dieu!.. Que s'est-il passé... Ai-je
rêvé?.. Est-ce une jeune fille, presqu'une enfant, qui
vient de jeter dans mon âme le contre-coup de son boule-
versement?.. Louise... J'ai voulu triompher d'elle... et
j'ai trop réussi!.. Quel aveu... et quel amour!... (Il se lève
en chancelant comme ébloui.) C'est comme un trop plein de
jeunesse qui vient de ranimer la mienne... un pareil tor-
rent de passion peut abreuver toute une vie..... Est-ce
vrai que j'ai voulu mourir?.. N'ai-je donc pas devant moi
toute une divine existence? Une porte nouvelle s'ouvre à
mes yeux. J'y vois la vérité, la vie, le ciel,.... Mon Dieu!
je te remercie! je suis sauvé!..

(Il tombe à genoux dans l'ombre, et se relève en entendant entrer Louise.)

SCÈNE VIII

GASTON, LOUISE

LOUISE, *embarrassée et parlant vite.*

Pardonne-moi. Gaston, je ne sais ce que j'ai pu dire tout à l'heure. J'avais le délire... tu sais... cela m'arrive parfois encore ... ma tête ne résiste guère à l'épreuve... Tu m'as fait peur avec cette arme... Je t'ai cru des projets inouïs et j'ai dit mille incohérences pour t'étourdir. Je vois bien que tu voulais rire un peu... n'y pensons plus. Donne-moi la main, et bonsoir.

GASTON

Oui... ta main dans la mienne, mais ne la retire plus, ma Louise.

LOUISE

Laisse-moi, Gaston.

GASTON

Oh! non, reste là, ne t'en va pas, ne t'en va plus! Je vais te guider, toi qui me guides: viens à la fenêtre. Tu es belle, et les étoiles saluent en toi leur jeune sœur. Vois comme elles brillent sur nos têtes... elles nous bénissent...

LOUISE

Ah ! tu te ris de moi... je l'ai mérité par ma folie de tout à l'heure !

GASTON

Rire de toi !!! rit-on des anges ?.. Rire de toi ! mets là ta main, et vois si mon cœur bat moins fort que le tien.

LOUISE, troublée.

Aie pitié... je souffre...

GASTON

Eh quoi ? tu souffres quand l'été va naître et que la nuit s'est faite plus douce pour le fêter ? Ne sais-tu pas que la nature se renouvelle et que les cœurs d'hommes ressuscitent quand deux yeux sincères comme les astres se lèvent lumineux sur leur nuit ?

LOUISE

Gaston ! au nom du ciel...

GASTON

Oui, tu dis bien. Parlons du ciel. C'est lui qui t'a mise sur ma route. Tu m'as baptisé dans tes larmes, et c'est l'âme d'un enfant qui va se confier à ton âme de vierge.

LOUISE

Mon Dieu ! songe que tu m'as toujours respectée ! jamais dans tes plus grands écarts, tu n'as oublié près de moi ta pure amitié fraternelle...

GASTON

Que dis-tu là... Oh ! Louise, Louise ! tu t'éloignes... ton geste me repousse... Ah ! c'est donc ainsi qu'on est châtié d'avoir profané l'amour... nul ne vous croit plus, quand véritablement on l'éprouve !

LOUISE

Outrage ou moquerie, épargne-moi !

GASTON

Eh bien, puisque rien ne peut te convaincre, puisque ces pleurs dans des yeux séchés ne protestent pas de ma tendresse, puisque tu ne lis pas dans mes regards le triomphe de ta beauté, puisque tu ne sens pas dans mon étreinte le triomphe de ta candeur, mets dans ma main ta main tremblante, et si tu crois à l'amour que Dieu confirme, reçois le gage le plus pur et le plus sacré que jamais homme ait pu donner à une femme. *Il lui met son anneau. Elle s'évanouit.* Ah ! mon Dieu ! j'ai été trop loin, trop vite, je n'ai pas pris garde à sa faiblesse !.. Louise... ma Louise... reviens à toi ! . *(Il se jette à genoux près d'elle.)* C'est l'amour qui parle! c'est la vie qui t'appelle !... Rien... elle est toute blanche... son cœur bat à peine... Ah ! on me l'avait bien dit qu'une émotion lui serait fatale ! Je l'aurai tuée ! Misérable !.. Et je l'aimais tant ! *(Il pleure.)* Ah ! ce n'est pas juste ! J'étais sauvé par elle, je renaissais à l'honneur, à la foi !.. Il y avait assez d'innocence dans sa vie pour racheter tous les crimes de la mienne ; mais tu n'as pas voulu de moi, Dieu barbare! tu romps l'appui de mon avenir, et ce roseau brisé va m'entraîner dans sa chute...

2.

SCÈNE IX

LES MÊMES, PHILIPPE

PHILIPPE, accourant.

Qu'y a-t-il? Louise évanouie! Tu l'as tuée, malheureux!

GASTON

Ah! je l'aime. je l'adore, et je le lui ai dit... et maintenant si elle meurt...

PHILIPPE

Tu l'aimes... Ah! mon enfant!.. tu le lui as dit... elle pouvait bien en mourir, en effet... voyons... Sa main est tiède... rien ne paraît désespéré... remets-toi, mon ami, sois heureux!

GASTON

Dis-moi qu'elle vivra!

PHILIPPE

Oui... jamais encore, dans ses crises, elle n'avait gardé cette respiration égale... les battements du cœur se rapprochent... et tiens... elle rouvre à demi les yeux... elle s'éveille...

LOUISE

Ah! mon tuteur?... J'ai dormi... Ah!... Gaston?... Sa
bague! Ah! je me souviens, je me souviens!..

(Elle fond en larmes.

GASTON

Oui! je suis là, je t'aime! je vivrai de ta vie, je te
paierai de toutes tes larmes...

LOUISE

Ah! je suis heureuse!

PHILIPPE

Comment vous sentez-vous? bien faible?

LOUISE

Non. Je ressens comme une grande force et une grande
paix. J'étais évanouie, n'est-ce-pas?... Jadis, après ces
défaillances, je me relevais si fatiguée!.. au contraire,
j'ai refait une provision de vie. (Elle se lève et marche appuyée
sur Gaston.) Je suis guérie, je le sens, guérie pour jamais...
et je t'aime!

GASTON

Oui, oui, je t'aime! disons-le maintenant et toujours,
ce mot qui nous a sauvés tous deux.

PHILIPPE

Tu ne veux donc plus mourir?

GASTON

Oh ! jamais !

PHILIPPE

Jamais... hélas !

LOUISE

Non, jamais, jamais... car l'amour est immortel !

LES VOISINS

PERSONNAGES

GERMAINE AUBIER, 25 ans,

PROSPER DANIEL, 25 ans.

MARIE, 6 ans et demi.

LES VOISINS

PIÈCE EN UN ACTE, EN VERS

Le théâtre représente une chambre mansardée. — Porte au fond. —
Porte à gauche. — Porte à droite. — A droite, en pan coupé, une
cheminée. — A gauche, un piano, un fauteuil, une chaise. — A
droite, une table chargée de joujoux. — Sur le devant, deux
chaises, une table.

SCÈNE PREMIÈRE

MARIE, GERMAINE

(Marie est debout devant Germaine qui lui arrange sa guimpe.)

GERMAINE

Là ! nous voici gentille, et mignonne, et charmante...
Oh ! mon tout petit bien !.. comme sa taille augmente !
Nous aurons nos sept ans aux prochains églantiers...
En attendant, je veux qu'on soit sage. Voyez
La paresseuse main, qui croit que d'être rose
Cela suffit... il faut encor bien autre chose !
Il faut être savante, et faire un gros effort
Pour contenter son maître et moi.

MARIE

Mais lui d'abord !

GERMAINE

Tu l'aimes donc beaucoup ?

MARIE

Oui, plus que beaucoup, même...
Je l'aime énormément. Je l'aime... comme il m'aime !

GERMAINE, à part.

Ces enfants... ça vous a parfois des mots troublants...
(Haut.)
Mais au fait... tu l'attends, ton ami ! — Tes bas blancs
Ne sont-ils pas tachés ? — Non. — et ta collerette ? —
Bien ! elle conviendrait pour une pâquerette...
Allons, il peut venir... Juste ! j'entends son pas.
Quoi... déjà lui ! — Va donc pour qu'il n'attende pas.

SCÈNE II

LES MÊMES, PROSPER

MARIE, va ouvrir à gauche.

Bonjour, mon grand ami.

PROSPER, l'embrassant.

Bonjour, chère petite...

Est-ce gentil, au moins, de m'ouvrir aussi vite !
(Allant à Germaine.)
Bonjour, madame Aubier.

GERMAINE

Bonjour, monsieur Daniel.
(Montrant sa fille qui fouille les poches de Prosper.)
Tenez ! elle a flairé quelques bonbons au miel...
Vous me la gâterez !...

PROSPER

Danger imaginaire !

MARIE, regardant la pendule.

Tiens !... vous êtes venu plus tôt qu'à l'ordinaire.

PROSPER

Oui... ma pendule avance...

MARIE

Oh ! ce n'est pas bien fin...
Je l'avance aussi, moi, pour dîner, quand j'ai faim.

GERMAINE

Allons, Marie, allons, pas tant de bavardage !

MARIE

Oh ! maman ne sait pas se fâcher... Quel dommage !
Je ne serai jamais qu'un gros enfant gâté...

GERMAINE, à Prosper.

Qu'elle est gentille !

PROSPER

Oui... bien gentille, en vérité !

GERMAINE, à Marie.

Eh bien, où vas-tu donc ?

MARIE

Chut !... je vais voir la soupe !qu

SCÈNE III

PROSPER, GERMAINE

GERMAINE, s'asseyant à droite.

Ma foi, nous en aurons chacun une soucoupe,
Gare, si vous avez un peu trop d'appétit...
La semaine est mauvaise et le dîner petit.

PROSPER, s'asseyant à droite.

Les affaires vont mal ?

GERMAINE

Oui. La miniature.

Se meurt, on n'en veut plus. Mon talent de peinture
Ne fait plus à personne aucune illusion.

PROSPER, protestant.

Oh !

GERMAINE, gaiement.

Mais à moi non plus ! Allez, l'ambition
Et l'orgueil n'ont jamais de leur vaine fumée
Troublé mon humble esprit. En fait de renommée
J'en voudrais juste assez pour vivre toutes deux,
Sans peur du lendemain et des temps hasardeux.
Le grand art, entre nous, je n'y saurais prétendre :
Mon métier m'a fourni quelquefois du pain tendre,
Qu'il m'en laisse du sec, c'est tout ce qu'il me faut.
Et vous ?

PROSPER

Ah ! moi, je cache avec soin le défaut
De la cuirasse aux yeux de mes jeunes élèves,
Et je suis, Dieu merci, le maître de leurs rêves,
Je n'ai pas de talent... mais ils n'en savent rien.
Quant à ma patience, ils la connaissent bien :
Elle est inépuisable... au moins à la surface,
Car, en réalité, quelque effort que je fasse,
La malice, les tours et le mauvais vouloir
De ces collégiens épris du nonchaloir
Me font bouillir le sang. En toute confidence,
J'ai relégué bien loin, par excès de prudence,
La règle en bois massif qui pouvait me tenter.
Sans cela, je l'avoue, en entendant tinter

Pour la millième fois la même fausse note,
Au lieu de tortiller mon pan de redingote,
Je les gratifirais de bons coups sur les doigts.
Mais, bah! en répétant toujours : fais ce que dois,
Le temps d'épreuve passe, et le jour se termine...
Et je rentre m'asseoir auprès de ma voisine.

GERMAINE

Les vilains,... êtes-vous, au moins, payé comptant?

PROSPER

Au collège, toujours : le premier du mois, tant.
Chez les parents, cela varie. On me voiture
Quelquefois — cela compte — on me paie en nature :
Billets de loterie ou stalles de foyer.
Quelques fruits du jardin, un morceau de gibier..'

GERMAINE

C'est révoltant !

PROSPER

      Pourquoi? Ce sont choses utiles.
Les riches, comme nous, ont des jours difficiles.
Chacun fait ce qu'il peut,
           (Se levant.)
          Et qu'importe, d'ailleurs.
Puisque je trouve ici mes instants les meilleurs.
Puisque j'ai votre enfant, ma gentille écolière
Par qui je viens finir ma tâche journalière,
Qui progresse en mes mains, qui me dépassera,
Et de mes soins, bientôt amplement me paiera.

GERMAINE, *souriant.*

Pas en argent, toujours!

PROSPER

Oh! madame Germaine!
Dirait-on pas, vraiment, qu'ici je me surmène!
Mais c'est délicieux! Trouver, quand vient la nuit,
Un foyer qui pétille, une lampe qui luit,
C'est une économie, oui certe, et des plus franches...
Et puis, comptez-vous donc pour rien ces bons dimanches,
Où je dîne avec vous, chez vous, comme ce soir?

GERMAINE

Comment donc, c'est certain! loin de rien vous devoir
C'est nous qui vous rendons service.

PROSPER

Mais, sans doute
Et béni soit le ciel qui vous mit sur ma route!

GERMAINE

Croyez-le, mon voisin, j'en pense tout autant.

PROSPER

Oh! merci! — Ce que c'est que le hasard, pourtant!
Car enfin, qui m'eût dit, le jour qu'une inconnue
Avec son mobilier et sa fille, est venue
Loger ici, voilà trois ans...

GERMAINE

Non... deux!...

PROSPER

Oh! trois!..

GERMAINE

Êtes-vous sûr?...

PROSPER, avec sentiment.

Très sûr. — C'était le jour des rois.
Je vous vis ce jour-là, penchée à la fenêtre,
Y rêver un moment, un seul... puis disparaître.

GERMAINE

Pour reparaître encore bien des fois.

PROSPER

Oui, c'est vrai.
Bien des fois... et jamais assez selon mon gré.
Vivre pareils à deux étrangers, c'est bizarre,
N'est-ce pas, quand un mur seulement vous sépare!
Je vous croisais souvent au bas de l'escalier
Et je vous sentais vivre au bout de mon palier,
J'entendais votre clef tourner dans la serrure ;
J'entrebâillais ma porte... ainsi qu'une parure
Vous aviez votre enfant toujours à vos côtés.
Qu'elle vous allait bien ! — de longs mois attristés
Se passèrent. J'aurais voulu pour tout au monde
Que quelqu'un pût vous dire : A vingt pas à la ronde

Est un brave garçon, monsieur Prosper Daniel,
Maître de piano, sans ami sous le ciel.
Vous voir est le plaisir qu'à tout autre il préfère.
Il vit seul. Vous auriez beaucoup de bien à faire
Rien qu'en le regardant au passage, un moment.
— Je n'en rêvais pas plus. Mais la chance, vraiment
Me servit. Votre enfant fut malade : personne
Pour chercher le docteur. Une nuit quelqu'un sonne
A ma porte, et me vient supplier... C'était vous !

GERMAINE

Oui ; j'avais deviné votre cœur.

PROSPER

Que c'est doux
De se sentir utile ! Ah ! l'on se connut vite
Près du lit où souffrait cette pauvre petite...
Je la soignai fort mal ; mais quand elle alla mieux,
Je l'amusai. — Déjà ces souvenirs sont vieux.

GERMAINE

Ah ! dans ce moment-là, j'étais très malheureuse.
Combien parfois la vie à nos yeux semble affreuse !
On s'étonne plus tard d'avoir pu guérir...

PROSPER

Oui...
Mais Marie était là ! Son rire épanoui
Chassa, des mauvais jours, la cuisante mémoire.
Pauvre femme... la route avait été bien noire,
Au début ! Sans amour, unissant votre sort
A cet homme qui vous a frappée...

GERMAINE, l'arrêtant.

Il est mort!

PROSPER, exalté.

Tant mieux! Il vous battait, vous si fine et si frêle,
Vous à qui les plus durs ne cherchent point querelle!
Et, ce que bien des gens trouveraient encor pis,
Il vous a ruinée... oh!... vos pieds sans tapis,
Vos robes d'alpaga sans une garniture,
Vos petits doigts meurtris, piqués par la couture
Quand la dentelle, l'or, le satin, le lampas,
Sont dignes tout au plus de traîner sous vos pas,
Quand les palais...

GERMAINE, doucement ironique.

Eh là, voisin, assez de grâce!
Je suis femme bourgeoise et non fille de race,
Et vos grands mots feraient un peu rire de moi
Sinon de vous.

PROSPER, confus.

Pardon...

GERMAINE

Il n'y a pas de quoi.

SCÈNE IV

LES MÊMES, MARIE, entrant à droite.

MARIE

Il pleut !

(Prosper cherche son chapeau.)

GERMAINE

Vous partez ?

PROSPER

Je...vais... fermer ma fenêtre.
Il pleut.., très fort, et l'eau... l'eau mouillerait peut-être.

GERMAINE, riant.

Sûrement !

PROSPER

N'est-ce-pas ? C'est ce que je pensais.
A tout à l'heure !
(Marie traverse la scène pour aller l'embrasser, il lui caresse les cheveux.)
Ah ! c'est la coiffure à succès.
(Regardant ceux de Germaine.)
C'est joli, les cheveux châtains !
(Il sort à gauche.)
(Marie va à sa table ranger ses joujoux et y reste pendant toute la scène.)

3.

SCÈNE V

MARIE, GERMAINE

MARIE

Mère !

GERMAINE

Ma bonne ?

MARIE

Comme il m'aime, mon grand ami !

GERMAINE, accoudée à la cheminée.

                              Pauvre mignonne !
Ce qu'il admire en toi, c'est de me ressembler.
Quand tu parles, c'est moi qu'il écoute parler !
C'est moi que, sur ton front, si souvent, il embrasse.
— Ma fille ! d'un affreux passé, divine trace,
Ah ! si tu n'étais là, quel bonheur ce serait
De se laisser aimer sans effroi, sans regret,
Au lieu de s'appliquer à ne jamais entendre
Les beaux aveux d'un cœur si viril et si tendre.
— Sans doute, il a compris que je l'ai deviné.
.. Mais comment juge-t-il ce refus obstiné ?
Il pense que je crains d'unir nos infortunes.
..... Bah ! l'on travaillerait. Les tâches importunes

Ne le sont plus sitôt qu'on les partage... et puis
L'on ne m'a pas gâtée... Oh! les deux fort appuis
Que des bras amoureux! Comme cela rend brave!
— Mais, hélas! mon souci véritable est plus grave.
Il s'appelle: Marie... — Oh, je sais! tous les deux
S'adorent; frère et sœur ne sont rien auprès d'eux.
Mais c'est toujours ainsi quand on aime une veuve.
Comme il n'existe pas de plus touchante preuve
De l'amour qu'on ressent pour elle, que l'amour
Qu'on porte à son enfant, on s'ingénie autour
De l'innocente; on met cet appui dans la place.
L'enfant rompt entre vous le dernier mur de glace
Puis quand on a la femme, on fait fi du moyen,
Et la fille de l'autre au logis n'est plus rien.
Elle sent qu'elle est seule, et n'osant pas se plaindre,
Elle pleure en un coin, cherchant à se contraindre
Devant cet étranger. — Si quelque manquement
Survient, elle est frappée... Oh! mon être charmant,
J'ai subi des affronts bien durs... mais toi, Marie,
Te voir souffrir par moi, pour moi... non, ma chérie.
Mon bonheur ne vaut pas une larme de toi
Et rien ne doit venir entre ma fille et moi.
Etre mère et c'est tout. Ce titre magnifique
Doit nous suffire, et veut pour nous rester unique...
Quel autre le vaudrait? J'ai la meilleure part,
Je la garde!
(Elle sort par le fond.)

MARIE, qui a réussi à mettre en mouvement son cheval mécanique

Oh! maman, vois, mon cheval qui part.

Tiens? maman n'est plus là...
(On entend frapper.)

L'on frappe!

(Elle va ouvrir à gauche.)

SCÈNE VI

MARIE, PROSPER

PROSPER

Eh ! quoi, seulette ?

MARIE

Je pense que maman fait un bout de toilette.

PROSPER

Attendons. A propos, avez-vous un journal ?

MARIE, allant le prendre sur la cheminée.

Voilà.

PROSPER, s'asseyant à droite.

Merci ! L'on dit que la rente va mal.
Et comme j'ai vingt francs de revenu.
(Il parcourt le journal.)
Semaime
Financière... là !.. tiens... loterie Africaine.
J'en possède un billet qu'un élève aux abois,
En guise de paiement, m'a remis : Quelquefois
On devient riche ainsi. Voyons le gros lot : peste !
Cent mille francs ! cela me conviendrait de reste !
Quel est le numéro gagnant ? — Deux mille deux...
C'est drôle... il m'est resté vaguement dans les yeux

Un chiffre ressemblant à cela... Suis-je bête,
D'aller me mettre ainsi des choses dans la tête !
Ma foi... je dois avoir encor là mon billet...
>   (Il fouille dans sa poche.)
Par curiosité, voyons donc... — Il y est.
>   (Il le regarde.)
Ah !... Dieu... je rêve ! Non... non. n'est-ce pas ? Je veille...
Ah ! ce n'est pas possible, une chose pareille...
— Le même... c'est le même ! Ah ! c'est sûr, je mourrai.
Non ! je vivrai cent ans, et je l'épouserai !
Ah ! je deviendrai fou ! fou !
>   (Il saute sur la porte du fond et tape dessus en criant.

Venez ! venez vite,

Madame Aubier !

SCÈNE VII

LES MÊMES, GERMAINE accourant effrayée,
courant à gauche.

Grand Dieu, qu'y a-t-il ? la petite...

PROSPER

Non non ! elle n'a rien ; rassurez-vous. Mais moi,
...Moi... je viens de passer par un terrible émoi...
Il m'arrive un bonheur si grand... ah ! l'existence
Est belle, en vérité ! voilà ma pénitence
Quand j'allais, me plaignant de n'être pas payé...
Ce billet... je l'aurais dans ma poche oublié...
Cent mille francs ! cent mille... ah !...

GERMAINE

                              Je ne sais que croire...
Parlez plus posément... qu'est-ce que cette histoire,
Dites? Vous êtes riche? ai-je bien compris?

PROSPER

                                        Oui !

GERMAINE

Riche... ah ! monsieur Daniel, jamais je n'ai joui
D'un bonheur imprévu comme de cette joie...
Vous méritiez si bien ce que Dieu vous envoie !
Enfin, vous allez donc pouvoir vous reposer !
Il ne vous faudra plus jamais vous exposer
Aux quolibets méchants, aux sottes avanies...
A dater d'aujourd'hui, vos peines sont finies,
Vous voilà votre maître... Ah ! quel contentement !

PROSPER

Par exemple, voilà qui m'est égal ! Comment !
Pensez-vous que j'irais pour des choses pareilles,
De mes cris déchirants fatiguer vos oreilles?
Non, non ! ce n'est pas là ce qui m'affole ainsi.
La cause, voyez-vous, la cause... la voici :
C'est qu'au fond de mon cœur dormait une parole
Que toujours il aurait cachée à son idole
De peur d'en recevoir un congé méprisant,
Qui l'étouffait jadis... qui l'enivre à présent,
Et qu'il va dire enfin : Germaine, je vous aime...

GERMAINE, *se laissant tomber sur le fauteuil.*

Ah ! laissons-nous bercer par cet aveu suprême
Quelques instants encor !

PROSPER

Je vous aime à jamais !
Dites, l'avez-vous vu combien je vous aimais ?
Avez-vous entendu ces longs soupirs, ces plaintes,
Qui vont vers vous, le soir, quand les lueurs éteintes,
Vous dormez, et si près... et si loin, que j'en meurs !
Quand Paris à nos pieds fait taire ses rumeurs,
Comptez-vous les tourments de ma nuit solitaire ?
Savez-vous que je n'ai d'autre bonheur sur terre
Que de vous adorer comme un pauvre, à genoux,
De boire vos regards, de m'enivrer de vous !
Que j'ai désespéré trois ans, heure par heure,
Me disant : Sans amour il faudra que je meure.
Et que j'espère enfin ! Et qu'enfin vous pouvez
M'ouvrir par un seul mot les paradis rêvés.

(Pendant ce temps Marie, qui faisait des allumettes en papier, arrive en furetant à la table d'où est tombé le billet quand Prosper s'est élancé vers la porte ; elle le trouve et le roule.)

GERMAINE

Qu'est-il donc arrivé ?

PROSPER

Je m'en vais vous l'apprendre.
Regardez.
(Il va à la table et cherche.)
Hein ? voyons, c'est à n'y rien comprendre

Voici bien le journal... rassemblons nos esprits.
Cherchons sans nous presser.

MARIE, qui a réussi à allumer son allumette pousse
un cri de triomphe.

Ah !

PROSPER, se retournant à ce cri.

Dieu ! qu'a-t-elle pris !

GERMAINE, courant vers sa fille et l'entourant de ses bras.

Ma fille !

PROSPER

Mon billet ! brûlé ! plus d'espérance !
Plus rien !!!

GERMAINE, atterrée.

C'est un désastre !

PROSPER

Ah !... je n'ai pas de chance.
(Il tombe en pleurant sur une chaise à gauche.)

GERMAINE, d'une voix étouffée.

Ah ! malheureuse enfant, qu'as-tu fait ! Cache-toi !

MARIE

Maman, c'est donc bien mal ! Il pleure...

GERMAINE

Laisse-moi...

Va-t'en, te dis-je...

MARIE

Non. Je veux qu'il me pardonne.

PROSPER, relevant la tête.

Allons soumettons-nous puisque le sort l'ordonne.
Du courage... et partons pour ne plus revenir.

(Il va vers Germaine qui est restée à droite cherchant à cacher Marie.)

Madame Aubier, veuillez ne pas vous souvenir
De ce que je disais tantôt : une folie
A traversé mon cœur ; que le vôtre l'oublie.
C'est tout ce que je puis vous demander. Adieu,
Soyez heureuse !

(Il passe devant elle.)

Encor pardon...

(Il aperçoit Marie, la prend dans ses bras et l'embrasse vivement.)

Marie !

GERMAINE, qui a vu ce mouvement avec peur puis avec émotion
et ravissement.

Ah ! Dieu !

(Elle va vivement à gauche et arrête Prosper sur le seuil.)

Eh bien ! C'est comme ça que l'on quitte son monde,
Dites donc ? C'est assez de passer la seconde,
Mais je veux qu'on m'embrasse aussi, moi, de bon cœur,
Une fois chaque joue, ainsi qu'un laboureur
Embrasse au grand soleil, sa joyeuse accordée.

Est-ce que par hasard vous avez cette idée
Que je vais me priver de vous appartenir?

PROSPER

Oh !... mais vous n'avez pas compris! tout doit finir.
Je ne sais pas comment vous expliquer la chose,
Mais je ne suis plus riche, et la cause... la cause
Dont vous n'avez rien vu, sinon mon embarras,
— Le billet... s'est brûlé.

GERMAINE

     ... Tout seul... oui, n'est-ce pas ?
Je n'aurais pas cédé malgré votre richesse,
Mais mon scrupule a fui devant une caresse.
— Ce baiser de pardon pour ma fille... ah ! cela
C'est l'avenir, certain comme s'il était là.
Je peux vous la donner, après un trait semblable,
Vous ne la rendrez pas craintive et misérable...
Allons, ne restez pas tout pâle, tout blémi
Comme si vous alliez mourir...Oh ! mon ami,
Dieu me devait sans doute un arriéré de joie.
Pour me payer sa dette, enfin il vous envoie.
Allez, j'ai grand besoin qu'on m'aime... aimez-moi bien,
Mon Prosper !

PROSPER

   Oh ! mon Dieu !

GERMAINE

     Vous ne regrettez rien ?
Ma fille vous ruine, et moi je vous amène
Deux bouches à nourrir...

PROSPER

Oh ! ma chère Germaine,

Soyez bénie !!

GERMAINE

Alors... vous êtes bien heureux ?

PROSPER

Moi ? Je ne sais. J'ai fait des rêves si nombreux.
J'en dois faire un encor. Puis-je espérer qu'il dure ?

GERMAINE

Il durera toujours : c'est moi qui vous le jure.

MARIE, arrivant entre eux.

Mais que dites-vous donc, là, tous les deux, sans moi ?

GERMAINE

Ah ! chérie ! il faut bien t'en faire part, à toi !
Un grand événement, vois-tu bien, se prépare.
On est jaloux de toi. De ton bien l'on s'empare.
Cela se passera par un jour de printemps.
On te fera très belle, il fera très beau temps.
Tous trois, d'un pas léger, nous irons à l'église,
Et si, comme je crois, ma fille m'autorise
A partager ce cœur qu'elle seule occupa,
Je prendrai pour mari Monsieur Daniel.

MARIE, courant embrasser Prosper.

Papa !

IL VAUT MIEUX

S'ADRESSER A DIEU QU'A SES SAINTS

PERSONNAGES

RENÉE, demoiselle noble.

FANCHETTE, paysanne.

LIONEL, jeune seigneur.

JACQUES, paysan.

IL VAUT MIEUX

S'ADRESSER A DIEU QU'A SES SAINTS

COMÉDIE-PROVERBE EN UN ACTE

Une chambre de ferme, porte au fond, portes à droite et à gauche. Une table avec de la bière, du pain bis, du lard, du fromage. Au mur, un coucou.

Costumes Louis XV.

SCÈNE PREMIÈRE

FANCHETTE, seule.

Là, voici la bière, le pain, le lard ici, le fromage là et l'escabeau à sa place ordinaire. Maintenant, papa, vous pouvez revenir! *Elle regarde l'heure.* Sept heures et demie... il doit être encore loin... il m'a ben dit qu'il serait ici à huit heures, mais je ne m'y laisse pas prendre. Il va sans doute trouver son ami Claude et souper chez la Catherine, aussi je ne compte pas sur lui avant dix heures. *(Elle s'assied.)* Ah, ce cher papa! c'est drôle comme ça me fait plaisir quand il reste longtemps en ville... et faudrait pas y entendre malice; mais moi, j'aime à être seule ici, gentiment, libre et reine... j'en arrive à me croire quasi la maîtresse de la ferme... Dame... je la suis ben puisque je gouverne bêtes et gens depuis que ma pauvre maman est défunte... (Se levant). Ah! c'est elle qui m'aurait donné un mari à ma convenance! au lieu que papa, il a des raisons à tout. Si je veux d'un beau gars actif, économe, sage, rangé, poli, qui serait un trésor pour la ferme... et pour moi, « c'est bon, petiote, tu es trop jeune, et lui trop pauvre... on verra plus tard. » — Trop jeune! c'est amusant, pas vrai, de s'aimer quand on a des rides? Trop pauvre! mais pourquoi donc que j'ai de l'argent sinon pour me cadeauder d'un mari à mon goût? Vrai, les parents sont trop vieux pour avoir là-dessus des idées raisonnables, et on ne devrait consulter que Jacques et moi... mais après tout, ce vilain Jacques, peut-être qu'il ne m'aime pas si fort qu'il le dit... Ce soir, par exemple, ne devrait-il pas deviner que je suis seule, et me faire un peu la compagnie? Voici l'heure où il revient du pré... Voyons s'il a beau temps. (Elle ouvre la fenêtre.) Je crois bien qu'il va pleuvoir... le ciel est d'un sombre... Dieu, que je m'ennuie seulette!... Jacques! Jacques! viens donc!

SCÈNE II

JACQUES, FANCHETTE

JACQUES, pend sa houppelande au clou et court vers Fanchette.

Ma petite Fanchon!

FANCHETTE

Ah! Jacques, c'est très mal!

JACQUES

Comment? je me trompais donc? tu ne m'as pas appelé?

FANCHETTE, dignement.

Appelé! moi! vraiment, Jacques, je ne sais où tu as la tête; appelé!... Tiens... c'est vrai pourtant, que je t'ai appelé... mais je te croyais trop loin pour m'entendre...

JACQUES

C'est ça; tu as voulu me jouer un tour, et ce que j'ai de mieux à faire, c'est de m'en retourner par où je suis venu.

FANCHETTE

Oh!... reste un peu, mon Jacques! ça ne peut pas être mal... il n'est pas très tard, et nous pouvons bien faire un brin de causette,... mais si papa revenait, mon Dieu!

JACQUES, montrant la fenêtre.

Je sauterais par là.

FANCHETTE, vivement.

Par exemple! pour te casser les membres!

JACQUES

Tu ne te rappelles pas que je l'ai fait deux fois depuis la moisson?

FANCHETTE

Ah ! oui, c'est vrai ; même que tu es tombé sur la poule
noire et qu'elle en a gloussé pendant quinze jours !

(Elle rit.)

JACQUES

Et que j'ai fait dans la haie une brèche qu'on a prise
pour un trou de chevreuil, et que ton père était furieux
d'avoir manqué un pareil coup de fusil.

(Il rit.)

FANCHETTE

Ah ! la bonne farce.

JACQUES

Tiens, nous rions, et avec tout ça je n'ai pas le cœur
gai, car je crois bien que nous ne nous marierons jamais.

FANCHETTE

Mais si, mon Jacques, tu verras que si ; tu te fais sans
cesse des idées terribles. Vois, moi, c'est bien le contraire.
Je crois toujours au bonheur. Pourquoi le bon Dieu ne
nous le donnerait-il pas puisque ça ne ferait de mal à
personne ?

JACQUES

Ah ! c'est si difficile !

FANCHETTE

Et quand tu gémiras, et quand tu te casseras la tête,

à quoi que ça nous avancera, sinon à me faire pleurer et
à me rendre laide pour le jour de mes noces ?

JACQUES

Ah! chère Fanchette, va, tu seras toujours si jolie. .
(Il veut l'embrasser

FANCHETTE

Eh bien, monsieur Jacques! est-ce pour ça que je vous
ai permis de venir ici? — Voyons, parlons un peu de
choses sérieuses, et dis-moi la réponse de monsieur l'intendant.

JACQUES

Monsieur l'intendant m'a dit d'aller paître mes mou-
tons et je l'ai fait ; mais ça ne change rien à rien.

FANCHETTE

Ce n'est pas encore comme ça que nous réussirons.

JACQUES

Je le sais ben, et c'est ce qui me fait tant de peine!

FANCHETTE

Ah çà, as-tu fini de te lamenter! tiens, je crois que tu
as faim, et que ça te porte au cerveau.

JACQUES

Ça c'est vrai que je n'ai pas mangé depuis ce matin.

FANCHETTE

Quand je le disais! *Elle va à la table et arrange le souper.* Tiens, mon pauvre gars, mange ce bon pain bis couvert de lard, bois cette bière, ne te gêne pas, va! il en restera toujours assez pour cet affreux papa qui nous fait tant de peine! *(Il se met à table, elle s'assied près de lui.)* — Vois-tu, Jacques, moi, j'espère toujours dans notre future marquise, et je crois que toi qui es à la ferme de son château, si tu pouvais lui parler...

JACQUES

Mais tu es folle, Fanchette! est-ce qu'on parle comme ça aux grands?

FANCHETTE

Non, quand on n'a rien à leur dire qui les intéresse, mais il y a une corde à toucher, comme dit M. le chanoine, et c'est pourquoi je dirais bravement mon affaire.

JACQUES

Quel conte me fais-tu là, Fanchon?

FANCHETTE

Nous, mon Jacques, nous nous sommes aimés parce que nos fermes s'avoisinent et qu'on se voyait ben souvent...

JACQUES

Et parce que tu es aussi bonne que jolie...

FANCHETTE

Ta ta ta, monsieur l'enjoleux, ce n'est pas de cela qu'il s'agit. Je voulais seulement te dire que notre histoire est celle même de nos seigneurs. M. le marquis, mon maître, voyait si souvent ta jeune maîtresse promener ses frais atours devant la grille de son parc qu'ils ont demandé un beau matin à s'épouser. Leurs parents ont consenti parce qu'ils ne sont pas comme nous et que leurs fortunes sont pareilles, et dans quinze jours, mademoiselle Renée va venir habiter le château dont papa fait valoir la ferme. Eh ben, je suis sûre, comme je suis sûre du bon Dieu, que cette belle demoiselle s'intéresserait à notre cause. La connais-tu, Jacques ?

JACQUES

Pas plus que tu ne connais le marquis. Je l'ai bien aperçue à sa fenêtre un jour que je portais la provision d'avoine à l'écurie du château. Mais toutes les grandes dames se ressemblent. Et puis elles ont tant de beaux ajustements qu'on ne fait pas attention à leur figure ; au lieu que toi, ma Fanchette, on te reconnaît entre toutes et l'on ne remarque jamais si ta robe est de serge ou d'indienne, tant ton frais visage est plus gentil à voir.

FANCHETTE

Ah ! flatteur... Tu n'es pas vilain non plus... mais il faut t'en aller, car enfin si papa revenait... — Dieu ! un éclair... pars bien vite ou tu seras pris dans l'orage. Je vais te conduire à la porte du clos, il fait si noir !

(Elle prend une chandelle et sort par la porte du milieu. Jacques la suit
Lionel entre à droite d'un air de précaution.)

4.

SCÈNE III

LIONEL, puis RENÉE

LIONEL, regardant autour de lui.

Personne! — Renée, Renée!

RENÉE, tenant sur le bras un grand manteau.

Me voici... Ah ! quelle aventure !

LIONEL (lui donnant un escabeau et prenant l'autre.)

Asseyez-vous, reposez-vous. N'avez-vous pas trop chaud après avoir couru jusqu'ici?

RENÉE

Non, je vous rends grâces... mais vous, Lionel, prenez garde : il vient un vent par cette porte...

LIONEL

Ah ! je ne crains qu'une chose... c'est de ne pas obtenir votre pardon.

RENÉE

De vrai, vous ne le méritez guère... abuser ainsi de ma confiance... vous saviez bien que j'avais quittéla salon pour respirer plus à l'aise et que je ne m'attendais

pas à être rejointe par vous dans le parc... J'ai pris votre
bras, c'est vrai... mais sans remarquer que vous me
faisiez passer la grille ..

LIONEL

Il fallait bien visiter un peu votre terre, ma belle châ-
telaine, et jusque-là je n'ai vraiment pas de remords...

RENÉE

Jusque-là... passe... mais lorsque j'ai voulu retourner
au château, pourquoi, sous prétexte de raccourci, prendre des détours interminables, et comment me suis-je
trouvée près de votre ferme au moment où de nombreux
éclairs annonçaient un violent orage.

LIONEL

Hélas... peut-être n'est-ce pas uniquement l'effet du
hasard...

RENÉE

Oui, monsieur, vous m'avez égarée à dessein, et c'est
indigne ! me voir réduite à me réfugier avec vous dans le
premier endroit venu !

LIONEL

Convenez qu'il est un peu dur, quand on s'aime
comme nous nous aimons, et qu'on doit se marier dans la
quinzaine, de ne pouvoir se parler que devant parents et
instituteurs ! Sans avoir de secrets bien graves, on a
pourtant sur les lèvres mille riens dont le parfum s'éva-

pore quand trop d'auditeurs le respirent, et même ce langage des yeux, le plus éloquent de tous, il a comme une pudeur instinctive qui s'effarouche et redoute l'examen.

RENÉE

J'en conviens sans peine, et j'ai failli ce soir pleurer de dépit et de chagrin en voyant ma gouvernante installer sa corbeille à tricot contre la fenêtre où nous espérions abriter notre causerie... mais que voulez-vous? c'est l'étiquette!

LIONEL

Ah! Renée, que ne sommes-nous de simples paysans comme ceux qui habitent cette ferme!

RENÉE

Mais à propos, Lionel, où sont-ils, ces gens, et que ferons-nous s'ils arrivent?

LIONEL

Ce que nous ferons? vous, plaisantez ma chère. Pensez-vous qu'un manant de mes domaines ne soit pas trop heureux de donner asile à la noble épouse de son suzerain seigneur?

RENÉE

C'est vous qui plaisantez, Lionel. Quoi! vous leur diriez qui nous sommes, et de bouche en bouche, dès demain, courrait le récit de notre aventure, et l'on saurait d'un bout à l'autre de nos terres que la haute et puissante demoiselle de la Louvaie est venue, la nuit, seule avec son fiancé, chez le plus infime de vos vassaux... « Vous m'étonnez... vous me scandalisez, mon enfant! » comme dirait votre précepteur.

LIONEL.

Adorable railleuse... Mais que vous importe le jugement de vos tenanciers... je craignais plutôt de vous voir inquiète sur vos proches qui doivent vous chercher avec anxiété.

RENÉE, baissant les yeux.

Oh!... j'ai prévenu que j'allais chez Claudine.., on sait qu'elle habite fort loin et qu'elle fait toujours atteler sa carriole pour me reconduire.

LIONEL.

Vous pensez à tout... vous êtes charmante !

RENÉE

Et puis ma mère est très bonne et ne demande qu'à fermer les yeux si personne ne les lui ouvre de force. C'est donc à cela qu'il faut aviser. Le plus plus sûr est d'inventer quelque fable, — par exemple, que nous sommes des pèlerins, et que nous venons à la châsse de sainte Luce prier pour la santé du roi. Je vous présenterai comme...

LIONEL, vivement.

Votre mari.

RENÉE

Mon frère !... et l'on n'y verra que du feu... pourvu
que ces braves gens ne nous connaissent pas déjà.

LIONEL.

En effet l'illusion sera complète .. une pèlerine en
paniers et en poudre, un pèlerin en tricorne et en habit
brodé...

RENÉE

Ah ! mon Dieu, j'oubliais le costume ; que faire ?...Mais
j'y songe... ce grand manteau dont je m'étais précau-
tionnée contre la fraicheur du soir... vite... (Elle s'enveloppe
de son burnous.) Le capuchon sur les cheveux... voilà qui
est fait ; mais vous, Lionel, comment... Ah ! cette
houppelande ; nous dirons que vous étiez mouillé, transpercé... (Elle l'aide à revêtir le manteau de Jacques.) Enfin ! nous
voilà déguisés... Dieu ! que nous sommes drôles.

LIONEL

Moi, sans doute, mais vous, vous n'en êtes que plus jolie.

RENÉE

Je vous dirai que, si l'orage peut cesser avant qu'on ne
s'inquiète de mes faits et gestes, afin que je retourne au
château sans fracas, cet événement me laissera un souvenir fort gai.

LIONEL

Oui, cela ressemble aux contes d'Orient. Haroun al

Raschid pénétrant incognito chez ses sujets... (Il va vers la
fenêtre.) Mais l'orage paraît fort tenace... ne serait-il pas
préférable que je rentre chez moi pour vous procurer un
carrosse.

RENÉE

Non! grand Dieu! vous seriez foudroyé sous ces grands
arbres!

LIONEL

Je ne demande pas mieux que de rester.

RENÉE, examinant le mobilier.

Dieu! les singuliers meubles! et ce pain noir, quelle
horreur! Dire qu'on vit ici, pourtant! et vous qui souhai-
tiez tout à l'heure...

SCÈNE IV

LES MÊMES, FANCHETTE rentrant sans les voir.

LIONEL

Chut!... quelqu'un.

FANCHETTE

Ah! comme le tonnerre gronde; je tremble pour lui
malgré qu'il soit habitué à courir sous l'orage. (Elle aperçoit
Lionel et pousse un cri.) Ah!

LIONEL.

Eh bien! qu'a donc cette enfant?

FANCHETTE, se remettant.

Ah! j'ai cru que c'était papa!

RENÉE, bas à Lionel.

Il paraît que ce manteau ne vous rajeunit point.

FANCHETTE, faisant la révérence.

Monsieur? Madame? qu'y a-t-il pour votre service?

LIONEL.

La fantaisie nous a pris de venir passer ici l'orage, ma petite.

RENÉE, bas à Lionel.

Taisez-vous donc! ce n'est pas du tout comme cela (Haut) Mademoiselle, je suis une pèlerine qui viens prier sainte Luce pour Louis le Bien-Aimé. L'orage m'a forcée à chercher asile chez vous, nous permettez-vous d'attendre qu'il se termine, ou tout au moins, qu'il s'adoucisse?

FANCHETTE

Sans doute, madame, veuillez vous asseoir (Ils s'asseyent.) et... quel est ce monsieur?

RENÉE

C'est mon frère.

FANCHETTE

Tiens... il ne vous ressemble point... et puis il vous regarde si tendrement que je l'aurais pris pour votre mari... ou votre amoureux.

LIONEL

Tu t'y connais à ce qu'il paraît.

FANCHETTE

Taisez-vous... j'entends un pas sous la fenêtre... ah ! c'est sans doute papa. (Elle va ouvrir.) Dieu ! c'est Jacques !

LIONEL, à part.

Mais cette enfant vit tour à tour dans la crainte et dans la déception. Elle attend toujours un père qui ne vient jamais. C'est très amusant, ce qui se passe dans ma ferme !

SCÈNE V

LES PRÉCÉDENTS, JACQUES

JACQUES

Je te demande pardon de rentrer, j'avais oublié ma houppelande, et il pleut si fort...

FANCHETTE

Ah bien, tu ne t'en iras plus ! j'en avais gros le cœur
de te sentir dans l'orage ! Monsieur, madame, excusez
c'est Jacques, c'est (Avec malice.) mon frère !

JACQUES

Tiens... ma houppelande qui a passé sur le dos de ce
monsieur... C'est peut-être un effet du tonnerre : on dit
qu'il est très farceur.

LIONEL

Ah ! mon pauvre garçon, tu as peur que je n'abîme ton
manteau ; sois tranquille, il est en de bonnes mains et
ne perdra rien à rester sur mes épaules.

RENÉE, bas à Lionel.

Mais jouez donc votre rôle mieux que cela ! (Haut.)
Mon bon monsieur, mon frère était transpercé par la
pluie. J'ai craint qu'un refroidissement ne le rendit malade, et j'ai pris la liberté...

JACQUES

A votre aise, ma brave dame, à votre aise ! je ne
demande pas mieux que de vous prêter mon manteau.
(A Fanchette.) Elle est polie au moins, celle-là ! mais
c't'autre dédaigneux qui vous prend vos nippes sans crier
gare... Ah çà, Fanchette, qu'est-ce que c'est que ces
gens-là ?

FANCHETTE, bas.

Ce sont des pèlerins surpris par l'orage. Sois gentil avec eux, va : ils ont l'air assez misérable. Ils ont peut-être faim,... mais tu as si bien entamé le souper de papa que je n'ose pas leur faire manger le reste. Tâchons au moins de les divertir un peu... mais où donc est mon escabeau ?

JACQUES, contrarié.

Il a suivi ma houppelande !

LIONEL, riant.

Ah ! c'est vrai. (se levant.) Tenez, Fanchette, le voici, et je vous adresse mes excuses.

FANCHETTE

Oh ! gardez-le.

JACQUES

Du tout, Fanchette ! je t'ordonne de t'asseoir. Et vous, monsieur, je ne sais pourquoi vous riez en faisant politesse à une jeune et jolie fille comme Fanchette.

LIONEL

Tiens, tiens... elle vous plaît donc, mon gars ? Eh bien, tenez, je vais m'asseoir sur ce coffre. à la guerre comme à la guerre !

(Il s'y assied en riant. Renée rit aussi.)

JACQUES

Certainement qu'elle me plaît! elle me plait si bien qu'elle n'en épousera pas d'autre que moi.

RENÉE, s'approchant.

Qu'est-ce que c'est, une histoire d'amour? Oh, contez-moi cela : je les aime tant!

(Elle laisse tomber un bracelet.)

FANCHETTE, le ramassant.

Dieu, le beau bijou! Oh! Jacques, regarde donc ; je n'ai jamais rien vu de pareil.

RENÉE

Gardez-le, mademoiselle Fanchette, en souvenir de la pauvre pèlerine à laquelle vous avez donné l'hospitalité.

JACQUES, à part.

Pas si pauvre !

FANCHETTE

Oh ! madame, je n'ose pas ;... j'en ai bien envie pourtant... Ah! bah! je le prends. Que vous êtes bonne!

(Elle lui baise la main.)

RENÉE, bas à Lionel.

Voyez ici la supériorité de la femme ! ce garçon vous a traité en égal. Cette petite n'aurait pas un mot ni un geste à se reprocher si elle apprenait mon nom.

LIONEL

Oui, oui... beaucoup d'instinct... et la conscience de sa force. Son grand balourd d'amoureux se fait petit garçon devant elle... cela se passe chez eux comme chez nous !

(Fanchette et Jacques causent en regardant le bracelet

JACQUES

Ah ! Fanchon, si j'en avais deux ou trois de pareils à t'apporter en ménage, nous ne languirions pas ainsi...

RENÉE

Mais qu'y a-t-il donc entre ces deux enfants-là? Voyons, contez-le moi. Je suis jeune comme vous, je comprends toutes ces choses. Pourquoi donc auriez-vous peur de moi ? Ouvrez-moi votre cœur, Fanchette. Le mien est toujours disposé à recevoir les confidences, et celui de mon... frère, aussi.

JACQUES

Ces choses-là, madame, on les garde pour soi; car il ne faut prêter que les secrets qu'on veut perdre. On retrouverait plutôt sa bourse au complet chez un mendiant qu'une confidence gardée chez un curieux.

RENÉE

Mais quand le mendiant est un riche, et quand le curieux est un ami? Quand ceux qui questionnent veulent bien qu'on les interroge et donnent autant de droits sur eux qu'ils en prennent sur autrui?

LIONEL

Eh bien, Renée, eh bien ! Allez-vous donc vous trahir vous-même ?

RENÉE

N'est-ce pas aux grands à donner l'exemple aux petits ?

FANCHETTE

Gardez vos secrets, ma gentille demoiselle, aussi bien, il n'est pas difficile de voir que ce monsieur vous aime et que vous ne le détestez point. Quant à mon pleurnicheur de Jacques, n'en attendez rien. Sauf son respect, il manque un peu de flair, comme notre joli chien Frisquet, et il laisserait perdre les plus belles occasions si je n'étais là pour les saisir au vol. D'abord je suis pour qu'on parle, moi, et toujours. Si ça ne rapporte rien, ça ne coûte rien non plus, et du moins ça soulage. D'ailleurs ce n'est pas en regardant couler l'eau qu'on met les ablettes à la poële. Sachez donc, monsieur et mademoiselle, que nous désirons très fort nous épouser, et que c'est un manque d'argent qui fait obstacle à notre bonheur.

LIONEL

Un manque d'argent ? Mais cette ferme n'est-elle pas pour vous une fortune ?

JACQUES

Oui, monsieur, mais vous êtes lent de compréhension si vous ne devinez pas qu'elle est au père de Fanchette et qu'il ne veut pas de moi parce que je n'ai rien.

LIONEL, à part.

Ce garçon est d'une rectitude... brutale.

RENÉE, à Jacques.

Vous êtes de cette ferme ?

JACQUES

Non. Je suis de la Louvaie, le domaine d'à côté et depuis que je vois Fanchon si jolie, si alerte, passer tous les jours devant chez nous, ça me prend le cœur comme on lie une gerbe...

(Lionel se rapproche de Renée qui le regarde tendrement.)

FANCHETTE

Et moi, si souvent il m'a tiré de l'eau à la fontaine, ramené mon chien perdu, cueilli les fruits des branches trop hautes, que je n'ai pas pu m'empêcher de l'aimer... d'abord c'est bien le bon Dieu qui l'a voulu puisqu'il nous a faits voisins.

(Lionel prend la main de Renée.)

JACQUES

Ah ! voyez-vous, ce mur qui sépare nos champs, je le déteste si fort que je crois qu'un jour je le démolirai...

LIONEL, sursautant.

Eh bien ! comme il y va ; un mur de mille écus !

JACQUES

On ne sait pas ce que c'est qu'un chagrin pareil quand on ne l'a pas éprouvé soi-même ! Être si près d'elle, la voir si peu, perdre des jours si doux qui ne se retrouveront jamais !

(Lionel baise la main de Renée.)

FANCHETTE, tirant Jacques par la manche.

Tais-toi ; tu importunes cette demoiselle.

JACQUES

C'est vrai ; elle ne m'écoute plus.

RENÉE

Oh ! que si, et je vous comprends mieux que vous ne pouvez le croire... Oui, votre histoire est touchante, et tous deux vous êtes dignes d'intérêt ; rassurez-vous : nous trouverons un moyen de vous tirer d'embarras.

JACQUES

Il y en aurait un bien simple.

RENÉE

Et lequel ?

FANCHETTE

Nous présenter à la nouvelle marquise.

LIONEL et RENÉE

Comment ?

FANCHETTE

J'ai toujours eu dans l'idée que notre bonheur nous viendrait d'elle si seulement on nous admettait en sa présence. Mais Jacques a eu beau s'adresser aux valets, à l'intendant, à tous les gens du château, on lui a dit qu'il était trop manant pour qu'on parlât de lui, qu'on avait assez à faire avec les nécessiteux, qu'on était trop occupé de la noce pour faire attention à nous. Comme ça dure depuis trois mois, il y a renoncé ; mais je répète encore que je voudrais parler moi-même à notre jeune marquise.

RENÉE, faisant signe à Lionel.

Rien n'est plus facile, et puisque vous le voulez...

FANCHETTE

Vrai, madame, vous consentiriez... (Elle va vers Jacques. Jacques, madame la pèlerine me présentera à mademoiselle Renée... Remercie-la donc. (Elle se retourne et voit Lionel et Renée qui ont fait tomber leurs manteaux, elle tombe à genoux.) Ah ! c'est une fée !

JACQUES, tombant à genoux.

Ah ! seigneur Dieu... c'est le diable !

RENÉE

Non, mes amis... ce sont vos maîtres.

5.

JACQUES

Monsieur le marquis!

FANCHETTE

Ah! mademoiselle! madame! c'était vous et je vous ai tout raconté!

RENÉE, la relevant.

Tu vois comme on fait bien de parler.

JACQUES

Ah! monsieur le marquis, je n'ai été qu'un rustre avec vous. Je n'oserai jamais lever les yeux maintenant!

LIONEL, le relevant.

Bon! tu avais des chagrins d'amour, et cela rend grondeur, maussade, on sait cela!

RENÉE, soulevant le rideau de la fenêtre.

Mais l'orage a cessé... voilà des porteurs de torches qui s'éloignent et qui pourraient bien revenir me chercher ici... sauvons-nous! et toi, Fanchette, pas un mot sur notre visite!

FANCHETTE

Il n'y a pas de danger, madame la marquise.

RENÉE souriant.

Marquise... pas encore.

FANCHETTE

Mais bientôt... et alors on se souviendra de Fanchette ?

RENÉE

Je le crois bien... la marquise saura payer les dettes de la pèlerine, Adieu petite.

(Elle l'embrasse.)

FANCHETTE, faisant la révérence.

C'est payé, mademoiselle.

LIONEL

Adieu, grand bourru ! Sois un bon mari, et compte sur moi pour mener à bien tes affaires.

(Jacques lui baise la main. Renée s'enveloppe de son manteau.)

FANCHETTE

Allons, Jacques, va, mon bon gars, conduis mademoiselle au château... tu es content, j'espère ?

JACQUES

Ah ! ma Fanchette !

FANCHETTE

Allons, sauve-toi. (Lionel, Renée et Jacques se dirigent vers la porte du milieu. Fanchette va écouter à gauche.) Qui vient là? Ah cette fois-ci, c'est papa! Je vas tout lui conter.

RENÉE

Garde-t'en bien... il ne s'en tairait pas !

FANCHETTE

Lui? vous ne le connaissez guère. On l'appelle M. Bouche-cousue. D'ailleurs cette aubaine ne l'étonnera pas plus que de voir pencher sa treille au temps des vendanges. Il se vantera d'avoir prédit toute l'affaire et me répétera jusqu'à la fin de ses jours : « Je te l'avais ben dit, petite, il vaut mieux s'adresser à Dieu qu'à ses saints ! »

LE · LEGS D'ALCIDE

PERSONNAGES

ANTONIA, 26 ans.

FANNY BÉJOU, 17 ans.

OLIVIER BÉJOU, 46 ans.

FÉLIX GÉLIVART, 23 ans

LE LEGS D'ALCIDE

Un salon de maison bourgeoise.

SCÈNE PREMIÈRE

FÉLIX parlant à la cantonade.

Bon ! bon ! j'attendrai... dites-lui surtout de ne pas se hâter (Entrant en scène.) Oh ! non ! il ne faut pas qu'elle se hâte, ma chère petite tante... nous nous verrons bien assez longtemps comme cela ; bien assez... pour n'avoir rien du tout à nous dire. C'est vrai, quand on a causé trois heures la veille, et qu'on se retrouve le lendemain... eh bien, une fois qu'on a parlé du temps qu'annonce le baromètre et des nouvelles que donne le journal, on a tout épuisé. Il y a bien une manière d'agrémenter la conversation : celle que je lui ai proposée, voilà deux mois vingt-sept jours. Mais elle ne veut pas qu'il en soit question ; elle me demande un amour pur... elle désire que je vienne tous les jours la regarder faire des pantoufles pour son mari. J'obéis... j'espère que mon obéissance la touchera... mais je trouve le temps long ; et, dame, à platoniser comme ça, je sens que je me refroidis, ce qui me vexe... Positivement je renoncerais si elle n'avait pas un si beau buste... mais quel buste ! Ah ! son régime de vertu lui réussit fameusement... La voici.

SCÈNE II

ANTONIA, FÉLIX

ANTONIA, lui tendant la main.

Félix, mon cher Félix ! exact au rendez-vous !

FÉLIX

Ah ! oui. (A part.) Elle appelle ça des rendez-vous ! (Haut.) Où allez-vous vous asseoir ?

ANTONIA, montrant une chaise.

Là. (A droite.) Pourquoi ?

FÉLIX

Pour que je me mette à vos pieds.
(Il prend une chaise basse auprès d'elle.)

ANTONIA

Ah ! Félix... j'avais bien besoin de vous revoir. J'avais rêvé que vous ne m'aimiez plus... Vous vous évaporiez dans un lumineux sillage, et je restais abîmée dans les larmes.

FÉLIX

Oh ! oh ! oh ! faut pas faire des rêves comme ça, ma

petite tante. Voyons : voilà deux mois et vingt-sept jours
que je vous aime... pourquoi ça me passerait-il comme
ça tout d'un coup ?

ANTONIA

Pourquoi la tempête succède-t-elle aux beaux jours ?...

FÉLIX, à part.

Elle est un peu mélodramatique... mais quelle belle
femme ! (Haut). Tenez, voilà ma réponse.
(Il lui baise le bras.

ANTONIA

Vous trichez ! je ne permets que la main... et elle ne
va pas si loin que ça... je porte du six et quart.

FÉLIX

Je voulais m'en assurer. (La voyant prendre son ouvrage.)
Encore une paire de pantoufles ! mon oncle en use donc
beaucoup ?

ANTONIA

Oui... les jours d'orage il va et vient dans l'appartement... alors pour ne pas entendre crier ses semelles...

FÉLIX

Je comprends... en aurons-nous aujourd'hui, de l'orage ?

ANTONIA

Le baromètre est à variable, mais on annonce une tempête sur les côtes, à ce que dit le journal... du reste il
ne contient rien d'intéressant.

FÉLIX. à part.

Eh bien, elle m'a volé mon sujet, je n'ai plus rien à
dire. Ma foi, je vais lui reparler de son mari. (Haut.) Où
donc est mon oncle?

ANTONIA

Chez son notaire, à dépouiller le testament de l'oncle
Alcide, et cela ne se fait pas en un quart d'heure.

FÉLIX

Alors vous ne me chasserez pas trop vite?

ANTONIA

Si, car mademoiselle Garnier va probablement arriver,
pour ma leçon.

FÉLIX

Vous prenez des leçons de piano?

ANTONIA

Depuis peu. J'aime tant la musique! Ces harmonies
me bercent. Elles jettent un peu de poésie dans ma prose.
Et puis j'ai besoin de m'occuper... Sans cela, je penserais
trop à vous.

FÉLIX

A moi? Jamais trop, Antonia, jamais trop.

ANTONIA

Je ne devrais pas vous avouer ma faiblesse... mais vous
n'en sauriez abuser, n'est-ce pas, Félix?

FÉLIX, à part.

Oh! si, je saurais! (Haut.) Oui, ma petite tante, je serai
bien respectueux, bien obéissant... tout plutôt que de voir
de la colère dans vos beaux yeux.

ANTONIA

Voyez-vous, votre affection, c'est le flambeau de ma
vie, jusque-là glaciale et morose. Allez, j'ai bien souffert au contact d'un mari sans idéal, moi dont l'âme était
faite pour planer. Ce n'est pas un méchant homme, mais
il mange comme quatre, il dort dix heures, il ne connaît pas Lamartine... enfin ce n'était pas le compagnon
de mes rêves.

FÉLIX

Je crois bien : il est hideux et idiot.

ANTONIA

Peut-être est-ce beaucoup dire, mais vraiment, entre
vous et lui, quelle différence!!! (se levant.) N'importe, je
lui serai fidèle! Madame Béjou restera digne des grands
exemples qu'elle a reçus de sa famille. Que mon alliance

brûle mon doigt comme un cercle de flamme, au premier pas qui m'écartera de la ligne droite !

FÉLIX

Oh ! ne dites pas cela... je vous aime tant !

ANTONIA

Parce que je suis la femme de votre chef. C'est dans
l'ordre. Tous les sous-chefs m'ont fait la cour.

FÉLIX

Pour avancer. Mais moi, simple surnuméraire...

ANTONIA

Oh ! grand Dieu ! je ne vous prête pas de semblables
motifs ! Néanmoins cette position est pénible, humiliante
pour tous deux. Nous nageons autour de l'abîme. Mes
jours et mes nuits sont dévorés par l'angoisse. Si mon
mari surprenait une de mes lettres entre vos mains... il
vous tuerait, Félix !

FÉLIX, à part.

Dieu ! qu'elle est fatigante par moments ! (Haut.) Mais
comment voulez-vous qu'il surprenne une lettre, vous
ne m'avez jamais écrit puisque nous nous voyons tous les
jours.

ANTONIA

C'est vrai... Ah ! Félix, puisque je suis torturée ainsi

pour de faibles preuves d'amour, jugez de ce que deviendrais si j'étais vraiment coupable.

FÉLIX

Ça, oui, je voudrais bien en juger !

ANTONIA

Taisez-vous... mon mari !

SCÈNE III

LES MÊMES, BÉJOU entrant à droite.

BÉJOU

Ah bien ! ah bien ! j'en apprends de belles !

FÉLIX

Quoi donc ?

BÉJOU

Ah ! c'est vous, Félix ? vous tombez comme une masse en carême.

FÉLIX

Oh !! le mot est joli, quoique innocemment fait.

BÉJOU

L'innocence a du bon, monsieur !

ANTONIA, bas à Félix.

Il sait tout !

FÉLIX, de même.

Vous croyez ?

BÉJOU

Enfin, je ne vous en **veux** pas.

FÉLIX, à part.

Il ne m'en veut pas... c'est ça une chance ?

BÉJOU

Mais c'est égal... la pilule est un peu dure à avaler.

FÉLIX, à part.

Pauvre homme ! ça se comprend.

BÉJOU

Car enfin, pourquoi vous et pas moi ?

ANTONIA, à part.

Hélas !

FÉLIX, à part, avec fatuité.

Il le demande !

BÉJOU

Et surtout, pourquoi pas ma femme !

FÉLIX

Hein ???

BÉJOU

Dame... c'est sa nièce.

ANTONIA, à part.

Il perd la raison, l'infortuné !

BÉJOU

Voyons, Antonia, je t'en fais juge. Est-ce que ce n'est pas révoltant... et immoral ?

ANTONIA, éperdue.

Immoral... oh ! non ! les sentiments les pius purs...

BÉJOU

Il s'agit bien de sentiments purs ! Me tromper ainsi ! Ce vieux grigou d'Alcide !

FÉLIX

L'oncle Alcide... Oh ! monsieur ! à son âge !

ANTONIA

Olivier ! pouvez-vous croire que votre femme ait poussé u
l'oubli de ses devoirs...

BÉJOU

Que me chantez-vous là, l'oubli de vos devoirs ? Mais d
sapristi, madame, il n'est pas question de cela ! Vous o
auriez même beaucoup mieux fait d'oublier vos devoirs c
à son profit, car alors il ne vous aurait pas déshéritée!é

FÉLIX

Ah ! ... « Voilà donc le sujet qui vous trouble l'esprit ! » !

BÉJOU

Oui, je vous engage à citer Plutarque !

ANTONIA

S'il ne s'agit que d'argent....

BÉJOU

Que d'argent! Comme elle y va !

ANTONIA

Cependant...

BÉJOU

Vous allez, s'il vous plaît, retirer crêpes et crépons.
Vous mettrez immédiatement votre robe rose... décolle-

ée! avec des fleurs dans les cheveux! Voilà comme il
aut pleurer un oncle pareil.

FÉLIX

Mais on va se croire en carnaval !

BÉJOU

Oh! vous pouvez rire! C'est à votre profit que je suis
olé.

FÉLIX

A mon profit?

BÉJOU

Certainement, tout est pour vous.

ANTONIA

Ah ! Quel bonheur !

BÉJOU

Vous dites?

ANTONIA

Je dis : quel bonheur!... dame... du moment que cet
argent n'est pas pour vous... autant vaut que ce soit
pour lui!

BÉJOU

Eh bien, mon cher, vous le voyez, tout le monde est

content. Héritez en paix, et bénissez la mémoire d'Alcide.

FÉLIX

Mais c'est impossible : je ne suis pas son parent.

BÉJOU

Vous êtes le beau-fils du beau-frère de ma belle-mère
qui était la belle-sœur d'Alcide.

FÉLIX

Comment ! ils sont si beaux que ça dans ma famille !
Voyons, ce n'est pas une parenté.

BÉJOU

C'est bien mon avis ! Mais avec vos manies d'appella-
tions baroques,... l'oncle Alcide, vous aura entendu nom-
mer Antonia ma tante, et il se sera cru votre père.

FÉLIX

Ça n'est pas logique. Puisque je suis le beau-fils du
beau-frère de la belle-mère...

BÉJOU

Enfin, c'est comme ça.

FÉLIX

Et j'hérite, sans conditions ?

BÉJOU

Bon ! les conditions... une misère ! on les remplit toujours quand il s'agit de quarante mille livres de rente !

FÉLIX

Encore faut-il savoir...

BÉJOU

C'est l'idée la plus saugrenue de ce vieil idiot. Non, ma
parole, ces gens-là ne devraient pas avoir la permission
de tester ! — Figurez-vous que vous héritez à condition
d'épouser ma nièce.

ANTONIA, bondissant.

Ah ! par exemple !

FÉLIX

Votre nièce ? quelle nièce ? je ne vous connais pas de
nièce ; vous avez une nièce ?

BÉJOU

Oui, et une vraie, cette fois-ci. La fille de mon frère.

FÉLIX

J'y suis ! celle que vous alliez voir au couvent, cet
hiver, une orpheline.

ANTONIA

Très laide !

BÉJOU

Mais non, mais non... ah! si, pourtant! (A part.) Après
fait... c'est une idée ! (Haut.) Très laide !

ANTONIA, à part.

C'est curieux... il abonde dans mon sens.

FÉLIX

Mais pourquoi l'épouserais-je ? je ne l'ai jamais vue.

BÉJOU

L'oncle Alcide non plus. Si! en photographie. Voilà
ce que c'est que de laisser traîner les albums. Et puis
de son balcon, quai Voltaire, dans un bateau-mouche
avec sa grand'mère qui la ramenait au couvent. Voilà
ce que c'est que de laisser sortir les vieillards. Là des-
sus il a inventé que vos deux physiques se convenaient.

FÉLIX

Par contraste ou par analogie ?

BÉJOU

Par analogie.

FÉLIX

C'est flatteur, si elle est aussi laide que vous le dites.

ANTONIA

C'est absurde ! elle est petite et il est grand.

BÉJOU

L'oncle Alcide a vu Félix d'en bas... en ballon. L'éloi-
gnement rapetisse. Et puis c'était l'année dernière. Un
homme peut grandir énormément en quelques mois.

ANTONIA

Je suis certaine que Félix est trop galant homme pour
faire un mariage forcé.

BÉJOU

Il n'y a pas de galant homme qui tienne : il le fera.

ANTONIA

Un femme se vend quelquefois : un homme jamais.

BÉJOU

Cela dépend du prix qu'on y peut mettre.

ANTONIA

Une fille laide, sans esprit, sans grâce... du moins à
ce que vous m'avez dit.

BÉJOU, vivement

Je n'ai pas exagéré ! Vous allez la voir, du reste, car sa
grand'mère nous l'amène aujourd'hui.

ANTONIA

Aujourd'hui !

6.

BÉJOU

Oui. Sachant que Félix est l'enfant de la maison on
aura pensé que les deux jeunes gens feraient connaissance
dans nos murs.

ANTONIA

Ce serait une profanation. Assurément Félix ne voudrait
pas voir cette demoiselle.

BÉJOU

Il la verra, et s'en dira amoureux.

ANTONIA

Vous ne connaissez pas Félix.

BÉJOU

Vous n'avez aucune expérience des hommes.

ANTONIA

Parions !

BÉJOU

Soit... parions !

ANTONIA

Une discrétion.

BÉJOU

Ce que vous voudrez.

ANTONIA

Qu'il ne l'épousera pas.

BÉJOU

Qu'il l'épousera.

Tous deux.

Oh!!!...

FÉLIX, passant entre eux.

Allons, mes amis, ne vous troublez pas pour si peu. Je n'épouserai pas votre nièce parce que je ne me sens pas porté vers le mariage, et parce que, fût-elle une perfection, l'idée de n'avoir cherché que la dot, m'empêcherait à tout jamais d'aimer la femme. Je trouve plus convenable de ne pas la voir, et je ne remettrai les pieds ici qu'une fois toute cette affaire terminée... Bien entendu je viendrai demain au bureau comme à l'ordinaire.

BÉJOU

Je prolonge votre congé de deux jours.

FÉLIX, gaiement.

Eh bien, c'est toujours ça de gagné !

BÉJOU

Dites que je ne suis pas gentil !

ANTONIA, à part.

C'est pourtant dommage, il mérite tant d'être heureux... et la fortune lui irait si bien (Haut.) A qui passera cet argent ?

BÉJOU

Je... Je ne sais pas... Probablement aux hôpitaux.

FÉLIX, riant.

Puissé-je n'en pas profiter dans ma vieillesse. Au revoir, ma tante... au revoir ! Je vais à Versailles, dîner avec ma mère que j'ai un peu négligée toute cette semaine. Le train part à deux heures trente minutes. Je n'ai que le temps de vous serrer la main.

(Il sort par le fond.)

SCÈNE IV

ANTONIA, BÉJOU

BÉJOU

Dites donc, ma chère, mais... Vous l'éloignez joliment du mariage ! Pourquoi cela ?

ANTONIA

Moi ? J'ai dit comme vous.

BÉJOU

Ça n'est pas naturel.

ANTONIA

Que je dise comme vous ? Et vous, pourquoi l'en éloignez-vous ?

BÉJOU

Parce que... parce que c'est un gentil garçon, commode toujours là. Une fois marié, il sera insupportable, comme les autres. Je n'ai aucun désir de m'en séparer.

ANTONIA, à part.

Est-il assez mari !

BÉJOU, confidentiel.

Voyons, Niania, on peut tout te dire ? Tu seras raisonnable ? Il y a du bonbon pour la petite femme si elle aide son petit mari.

ANTONIA

Vous me cachiez donc quelque chose ?

BÉJOU

Dame ! je crains toujours de t'effaroucher avec mes

idées pratiques. Une femme à grands sentiments comme
toi, ça vous démolit tous vos plans pour se donner des
airs sublimes... Tu m'as déjà joué des tours qui m'ont
rendu prudent... Mais cette fois-ci tu as semblé pres-
sentir mes combinaisons, les adopter... Aussi tu vas
tout savoir. Niania, si Félix refuse l'héritage, c'est toi qui
seras légataire... Ah ! ! !

ANTONIA, tombant sur une chaise.

Moi !

BÉJOU

Dès lors, tu le comprends, nous devons tout faire pour
empêcher ce ridicule mariage... en attendant que nous
en trouvions un autre à lui suggérer, car je ne serai
tranquille qu'en le voyant s'engager ailleurs. Pour aujourd'hui, cela ne marche pas mal. Moi, en répondant,
avec les flèches de l'ironie, du consentement de ce pauvre
Félix ; toi, en garantissant avec l'armure de la fierté, le
refus du même Félix, nous avons fait d'assez riche
besogne. Ta joie même, en apprenant sa bonne fortune,
a dû détourner ses soupçons. Je vois bien que c'était une
feinte et je te félicite de l'à-propos. Maintenant, tâchons
que Félix ne voie pas Fanny, car elle est délicieuse,
comme tu pourras le constater, et, ma foi, les charmes
du magot pourraient bien se doubler pour ton neveu des
attraits de la condition qu'on y a mise... Te voilà au
courant. Je te laisse à tes réflexions.

(Il sort par la droite.

SCÈNE V

ANTONIA, seule.

Oh ! qu'est-ce que j'allais faire ! profiter de l'amour de Félix pour hériter à son détriment ! Moi pour qui les trésors de Golconde ne valent pas une parole de celui que j'aime... et cependant j'allais, j'allais, soutenant sans m'en douter les affreuses combinaisons de Monsieur Béjou... Oh ! je mettrai plus d'ardeur encore à les détruire ! Félix aura la succession. Mais pour l'avoir... il faut épouser Fanny... il refusera s'il m'aime. M'aime-t-il bien ? Elle se lève. Quelquefois un doute se glisse en moi, comme un serpent... cet amour est de si fraîche date ! Ça lui est venu dans un bal où il voyait mes épaules pour la première fois. Mais je ne veux pas les lui donner moi ! alors... s'il ne m'aime pas aussi purement que je le voudrais, il se lassera de sa chaîne... il regrettera la richesse, il rencontrera Fanny mariée à quelque autre, la trouvera jolie et m'en voudra de ne pas la lui avoir montrée quand il était temps encore. On dit qu'elle est charmante... comme je voudrais la connaître ! j'aurais dû l'aller voir au couvent, cet hiver... mais je n'avais le temps de rien. Félix m'absorbait... Félix que je vais perdre ! (Elle essuie une larme.) Allons ! du courage ! rétractons nos paroles malheureuses... s'il allait leur donner un sens... peut-être sait-il déjà que j'hérite à son défaut... Il se rappellera mes exhortations... il verra de vils calculs là où la jalousie parlait seule... Oh ! à tout prix, il faut que je le retrouve, que je lui parle !

(Elle sort vivement par la gauche.)

SCÈNE VI

Une femme de chambre introduit Fanny par la porte du fond.

LA FEMME DE CHAMBRE, annonçant.

Mademoiselle Béjou ! Tiens, madame n'est plus là ? Si mademoiselle veut s'asseoir un instant, je vais toujours prévenir monsieur.

(Elle sort.)

FANNY, seule. Elle ôte son manteau, son chapeau, et va à une glace.

Dieu ! que je suis noire ! cette vilaine poussière... j'ai du charbon dans mon col, dans mes cheveux.

(Elle s'arrange. M. Béjou entre à droite.)

SCÈNE VII

BÉJOU, FANNY

BÉJOU

Ah ! bonjour, ma chère nièce ! Enchanté de te voir. Et madame Chancenier ?

FANNY

Grand'mère m'a laissée en bas ; mais vous la verrez ce soir, car elle reviendra me prendre à cinq heures.

BÉJOU, *rayonnant*.

Tu ne restes pas plus longtemps?

FANNY

Je dinerai avec vous si vous le voulez absolument, mais il faut que je sois rentrée à Sèvres ce soir.

BÉJOU

Rentrée à Sèvres? Tu en viens donc?

FANNY

Oui, j'étais un peu souffrante au couvent, et grand'mère m'a emmenée me refaire à la campagne.

BÉJOU, *l'admirant*.

Cela t'a joliment réussi.

FANNY

Vous trouvez? tant mieux.

BÉJOU

Et pourquoi t'en vas-tu si vite?

FANNY

Parce que je ne veux pas voir monsieur Gélivart. Avant d'entrer je me suis assurée que je ne le trouverais pas, et je vous prie de le consigner jusqu'à mon départ.

BÉJOU

Sois tranquille, il est à Versailles. Mais tu le détestes
bien... tu le connais donc ?

FANNY

Nullement. Il ne me connait pas davantage et ce fameux monsieur Alcide Béruzel ne connaissait ni lui ni moi.
J'apprends néanmoins qu'il s'est permis de nous destiner
l'un à l'autre. C'est le projet d'un fou si ce n'est celui
d'un méchant. Mais peu m'importe. Je me moque
de l'argent, et je méprise ceux qui y tiennent : double
raison pour fuir une pareille alliance. D'ailleurs je ne
veux faire qu'un mariage d'inclination. Grand'mère m'a
catéchisée trois heures en sens contraire, et cela n'a servi
qu'à m'affermir dans mes idées.

BÉJOU

Je connais ça. J'ai employé le procédé. Seulement
ta grand'mère n'y entend pas malice. Eh bien, ma chère,
je ne te contraindrai pas. D'autant plus que ce pauvre
Félix est véritablement trop disgracié de la nature pour
devenir l'heureux possesseur d'une jolie fille telle que
toi.

FANNY

Ah ! est-ce qu'il...
(Elle fait le geste de boiter.)

BÉJOU

Non, il...
(Il fait le geste de hausser l'épaule.)

FANNY

C'est encore pis.

BÉJOU

Cela se vaut. Donc c'est convenu. Tu pars sitôt dîner sans avoir aperçu Félix, chère petite ! ta tante sera tout de suite éprise de toi. Je vais me mettre à sa recherche, et te la ramener au plus tôt. Tu as un piano, des livres, fais comme chez toi, mignonne. (Fausse sortie.) Ah ! si tu vois entrer un jeune monsieur, c'est un acquéreur pour mon Ruysdaël. Prie-le de m'attendre. Au revoir, ma belle ! à tout à l'heure.

SCÈNE VIII

FANNY seule, puis FÉLIX

FANNY

Comme il est aimable, mon oncle ! voilà le premier qui me donne raison. — Qu'est-ce que je vais faire pour employer mon temps? Si je travaillais ma valse pour la fête de grand'mère? (Elle se met au piano et commence une valse. On sonne deux fois). Eh bien ! personne n'entend ? ma foi, je vais ouvrir. Pourvu que ce ne soit pas M. Gélivart ! (Elle ouvre.) Non ! il n'est pas bossu. Il est même très bien.

FÉLIX, étonné.

Mademoiselle... mille pardons.

FANNY

Monsieur, la maison est vide... mais madame Béjou va sans doute arriver : son mari est à sa recherche.

FÉLIX

J'attendrai donc, si vous le permettez, mademoiselle. Veuillez excuser mon importunité. J'ai interrompu une valse charmante.

FANNY

Oh! je jouais par désœuvrement. Le piano, vous comprenez, j'en ai toujours assez.

FÉLIX, à part.

Ah! c'est la maîtresse de piano! — J'avais craint un moment que ce ne fût ma future... mais sa beauté m'a vite rassurée.

FANNY, s'assied à droite prend un livre et lui indique les journaux.

Prenez, monsieur, vous attendrez plus patiemment.

FÉLIX

Merci, mademoiselle, j'ai lu les journaux (Il se promène dans le fond en regardant les tableaux — A part.) J'en ai même causé, et aussi du baromètre.

FANNY, à part.

Ah! c'est l'amateur dont m'a parlé mon oncle, il regarde son Ruysdaël avec amour.

FÉLIX, à part.

J'ai manqué le train... exprès! si je pouvais parler à Antonia! Ce bêta d'Olivier a été tout le temps sur notre dos... il me semble qu'à présent je serais inspiré.

FANNY, à part.

Je devrais peut-être lui dire quelque chose...

FÉLIX, à part, la regardant.

Jolie nuque ! ça a dix-sept ans, tout au plus... pauvre petite, le soleil la gêne...
(Il ferme un volet.

FANNY, levant les yeux.

Tiens... merci, monsieur... je ne crains pas le soleil.

FÉLIX

Les astres ne se nuisent pas entre eux.

FANNY

Vous vous moquez... La vérité c'est que je viens de passer huit jours à la campagne où j'ai vécu au grand air sans chapeau ni ombrelle, ce qui m'a aguerrie comme vous voyez.

FÉLIX

Vous êtes bien heureuse d'avoir obtenu un congé. Moi j'étais enfermé dans un bureau, sans air ni jour.

FANNY

Le grand jour est pourtant bien précieux pour un amateur de peinture.

FÉLIX, à part.

Pourquoi me dit-elle cela? (Haut.) Oui... mais pour le
commun des mortels aussi, je vous l'affirme.

FANNY

Vous ne quittez jamais Paris, monsieur?

FÉLIX

Pas souvent, non, mademoiselle.

FANNY

Je comprends cela. Chacun y trouve ce qui lui plaît :
les concerts, les musées.

FÉLIX

Oui, les musées, les concerts... vous suivez les cours
du Conservatoire, mademoiselle?

FANNY, à part

Pourquoi me dit-il cela? (Haut.) Moi? je ne suis aucun
cours. J'ai fini mes études, je suis émancipée.

FÉLIX

On ne vous donne plus de leçons ; vous en donnez.

FANNY

Oh! pas même d'exemples... je ne suis pas si raisonnable que j'en ai l'air.

FÉLIX, se rapprochant.

Vraiment?

FANNY, confuse.

C'est-à-dire...

FÉLIX

Ch! ne vous rétractez pas? vous avez tellement raison... de ne pas avoir de raison!

FANNY, riant.

Par exemple!

FÉLIX

Mais oui! ce que je vous dis-là, c'est la vérité pure! voyez, les mariages de raison : quel faux calcul! On gagne une fortune dont on ne profitera pas, car on prend une compagne insupportable dont la société gâte vos moindres jouissances.

FANNY

Vous devez être seul de votre avis, monsieur. On dit les jeunes gens si intéressés.

FÉLIX

C'est possible. Je ne m'occupe pas de ce que pensent les autres. Mais vous, du moins, m'approuvez-vous?

FANNY

Moi, monsieur? que vous importe?

FÉLIX

Je tiens beaucoup à connaître votre opinion.

FANNY

Mais... assurément, monsieur, je vous approuve.

FÉLIX

Oui, par politesse. Comme les jeunes filles ont tort de dissimuler avec nous. Comme ce serait plus crâne et plus honnête de nous ouvrir leur pensée afin de nous encourager si la nôtre est pareille, de nous corriger si elle est dissemblable.

FANNY, à part.

C'est gentil, ce qu'il dit là. (Haut.) Eh bien, monsieur, sachez que je pense entièrement comme vous. Je ne comprends pas qu'on se marie par calcul et en cela, moi aussi, je diffère d'avec mes compagnes. A quoi bon tant d'argent, mon Dieu! nous nous en passions bien, grand'-mère et moi, à la campagne. Figurez-vous un bijou de maison : quatre fenêtres de façade, un petit morceau de

ardin, tout plein de fleurs... Au fait! j'ai là le portrait
de la maisonnette (Elle le prend dans sa poche et le lui montre.)
Tenez... mais cela ne vous intéresse peut-être pas?

FÉLIX

Moi? ah bien!! qu'est-ce qui m'intéresserait, alors?

FANNY

Voyez-vous, voici la grille où j'accrochais mon chapeau. Là-bas, la cage de mes bouvreuils. — j'adore les
oiseaux.

FÉLIX

Moi, j'en raffole! voici votre fenêtre, je parie?

FANNY

Vous l'avez deviné?... vous êtes sorcier?

FÉLIX

Mieux que cela, je crois... amoureux.

FANNY, s'éloignant un peu.

Ah!...

FÉLIX

Amoureux des maisons de campagne avec des bouvreuils en cage et des chapeaux piqués sur la grille.

7.

FANNY

Mais... vous me disiez tout à l'heure que vous n'aviez jamais habité la campagne?

FÉLIX

J'y ai passé vingt minutes en cinq ans.

FANNY, riant.

Alors, comment pouvez-vous l'aimer?

FÉLIX

Rien qu'à vous en entendre parler.

FANNY, de même.

Un coup de foudre, alors?

FÉLIX

Pourquoi pas? j'y crois, moi, d'abord, aux coups de foudre... surtout aujourd'hui.

FANNY

Moi aussi, j'y croyais... mais on s'est moqué de moi.

FÉLIX

Par exemple! qu'est-ce qu'il y a donc de si étonnant?... un regard vous en apprend long sur un visage, une parole en révèle beaucoup sur un cœur, il y a des minutes qui valent des siècles, et quand deux êtres sont nés l'un pour l'autre...

FANNY, interdite.

Vous... vous allez acheter ce tableau?

FÉLIX

Jamais de la vie! est-ce qu'il y a des tableaux ici? je n'en sais rien.

FANNY

Vous regardiez celui-ci. Alors j'ai cru...

FÉLIX

Comment? vous m'avez jugé assez crétin pour regarder un vieux paysage à l'huile quand j'avais là sous les yeux... Oh! mademoiselle! — tenez, voulez-vous savoir quel vivant tableau j'examinais tout à l'heure? Une ravissante personne penchée sur un livre où dorment les grandes phrases d'amour de jadis, poème jeune et frais au temps de nos grand'mères et vénéré comme tel par leurs enfants : Paul et Virginie. Cette jeune fille était blonde, et gentille, avec un petit air d'ignorance et de curiosité qui n'eût jamais son pareil. Un rayon de soleil lui fit baisser les paupières, et il me sembla qu'un regard forcément détourné, faisait l'école buissonnière dans un coin sombre du salon. Un jeune homme se tenait là, bien sage et bien timide, faisant semblant de regarder un Ruydaël, mais ne voyant que ce regard et craignant et désirant, de le sentir s'arrêter sur lui. Puis la scène a changé. Le jeune homme enhardi par je ne sais quel espoir, s'est approché de la jeune fille. Ils se sont dit, pour passer l'heure, beaucoup de choses décousues, mais

non inutiles, car tout cela signifiait : le soleil brille et
nous avons vingt ans ; puis le jeune homme a pris la main
de la jeune fille, et tout ému... bien doucement... de peur
de l'effaroucher...

SCÈNE IX

LES MÊMES, ANTONIA, BEJOU

BÉJOU, entrant par la gauche d'Antonia.

Vous ici ! (A Félix.) vous ici.

ANTONIA, entrant par la droite à Félix.

Vous ici !

BÉJOU

Avec ma nièce !

ANTONIA

Sa nièce !

FANNY, courant embrasser Antonia.

Ma tante !

FÉLIX

Votre nièce ? celle qu'on veut me faire épouser ?

FANNY

Que dit-il ? Monsieur serait...

BÉJOU, pincé.

Félix Gélivart, qui charmé, comme je l'avais prédit, par les beaux yeux de la cassette, t'a gagnée à ses vues pratiques, et paraît te convenir à merveille.

FANNY, outrée, à Félix

Vous n'êtes pas l'amateur de peinture ?

FÉLIX, de même.

Vous n'êtes pas la maîtresse de piano ?

FANNY

Alors... alors... vous êtes bien indélicat, monsieur ! l'argent ne justifie pas tout, monsieur !

FÉLIX

Mademoiselle ! je dois vous avertir que je ne me prêterai pas plus longtemps à cette comédie !... mademoiselle !

FANNY

Oh ! vous deviniez bien que j'étais mademoiselle Béjou... tandis que j'ignorais que vous fussiez monsieur Gélivart !

FÉLIX

C'est-à-dire qu'on vous avait prévenue, et que moi, je ne savais rien !

FANNY

D'abord, monsieur, j'avais exigé qu'on vous défendît la porte !

FÉLIX

D'abord, mademoiselle, j'avais pris congé pour tout le temps que vous passeriez ici !

FANNY

Je vous déteste depuis longtemps, monsieur.

FÉLIX

Je ne vous ai jamais aimée, mademoiselle !

FANNY

Et je ne ferai jamais un mariage d'argent, jamais, monsieur, entendez-vous ? j'épouserais plutôt le mendiant qui chante dans la cour !

FÉLIX

Et moi, mademoiselle, jamais je ne satisferai le caprice d'un testateur insensé ! J'ai ma vie faite, et je la garde.

ANTONIA, émue, bas à Félix.

Félix... ah ! Félix, pourtant, vous lui baisiez la main, tout à l'heure...

FÉLIX, bas.

Je m'en repens assez! (Haut.) Mademoiselle, recevez toutes mes excuses pour les politesses que j'ai pu vous dire. Je les désavoue hautement!

FANNY

Vous m'êtes d'autant plus odieux que j'ai pu vous trouver passable. J'ai honte! je m'exècre! Mon Dieu, que je suis malheureuse!

(Elle fond en larmes.)

FÉLIX

Ah!... je casserais bien quelque chose!

(Il brise une potiche.)

BÉJOU, solennellement, entre Félix et Fanny.

Que ce mariage soit rompu comme cette potiche! Amen. (Bas à Antonia.) Nous héritons!

ANTONIA, s'avançant.

Un moment! — Mon cher Félix, je n'ai su qu'à votre départ une petite circonstance qui a bien sa valeur, c'est qu'à votre défaut l'héritage doit me revenir.

BÉJOU, la tirant par la manche.

Es-tu bête... mais es-tu bête de lui dire ça!

FÉLIX

Ah! je suis bien content!

ANTONIA, lui tendant la main.

Merci. Je courais après vous pour vous en informer, lorsque j'ai rencontré le notaire qui m'a donné de bien autres nouvelles. On vient, paraît-il, de trouver un autre testament, qui dépasse en bizarrerie tout ce que contenait le premier.

BÉJOU, alarmé.

Un codicile... et lequel?

ANTONIA

En voici la teneur : « S'il arrivait que les deux jeunes gens se prissent d'amour l'un pour l'autre je les déshérite au profit de Madame Béjou. Les amoureux ont le bonheur : ils n'ont pas besoin d'argent. »

BÉJOU

Ah! le vieux farceur; voyez-vous ça! tout ce qu'il voulait, c'était leur être désagréable... Du moment que la pilule du mariage devenait un bonbon... crac! enlevé le magot.—Eh bien, je trouve ça très juste, moi! on ne peut pas tout avoir. L'argent est bon pour les ménages qui se chamaillent, pas vrai, Niania? Et ils s'adorent, ces enfants-là, c'est clair comme le jour.

ANTONIA

Vous le voyez, Félix, mon mari lui-même a lu dans vos cœurs, il n'y a donc plus lieu de vous bouder l'un l'autre en vertu de scrupules enfantins : épousez-vous... ce ne sera plus un mariage d'argent.

FANNY

Ah ! quel bonheur !

ANTONIA, à part.

Elle l'aime... et lui ?

FÉLIX

Fanny !

ANTONIA, à part.

Lui aussi ! (Haut. le poussant doucement vers Fanny). Allons donc !

FÉLIX, troublé.

Vraiment... ma chère tante... vous voulez bien hériter à ma place ?

ANTONIA

Puisque l'oncle Alcide l'ordonne...

FÉLIX

Pourtant si ce mariage n'est plus nécessaire... il n'est plus possible... vous savez bien que j'aime ailleurs...

ANTONIA, avec effort.

Celle... que vous aimez... vous fait dire d'épouser Fanny.

FÉLIX, à voix basse.

Antonia... vous êtes un ange.

BÉJOU, à Félix.

Eh bien ? c'est convenu ? vous épousez ?

FÉLIX

Avec enthousiasme !

BÉJOU

Alors j'hérite... et pourquoi ? parce qu'il l'épouse sans l'aimer... non... parce qu'il l'aime sans l'épouser... non... je ne sais plus, moi... Niania, voyons, dis-moi au moins que nous héritons.

ANTONIA

Ne vous cassez pas la tête ; l'important c'est que Félix aime Fanny. La preuve,c'est qu'il l'épouse,et croit par là renoncer à l'héritage...

FÉLIX

Mais certainement, que j'y renonce !

ANTONIA

Non, mon ami, car les premières dispositions subsistent, le mariage seul est exigé, avec ou sans inclination. C'est moi qui ai inventé ce codicille pour vous prendre au piège et vous prouver votre amour.

BÉJOU

Oh ! non ! oh ! celle-là, on ne me la fera pas avaler ! il serait fictif, ce codicille aussi affectueux que raisonnable ? Allons donc ! comment as-tu pu croire que je croirais une frime pareille !

ANTONIA

Vous m'avez bien crue tout à l'heure ?

BÉJOU

Tout à l'heure... ça m'arrangeait ! et puis c'était logique. Voyons, reprenons les faits : l'oncle Alcide ne veut pas qu'on s'aime... eh bien, je prouverai qu'on ne s'aime pas ; j'appellerai des experts...

ANTONIA

Mais il ne veut rien du tout, le pauvre oncle Alcide... que laisser son bien à ce joli couple-là...

BÉJOU

C'est bon, le notaire va me dire ce qui en est ; mon chapeau !

ANTONIA

Voyons, Béjou, quand je vous dis qu'il n'y a pas de codicille ! sur quoi voulez-vous que je vous le jure ?

BÉJOU

Hein ?... mais c'est qu'elle est prête à le jurer... Ah ! la
misérable ! je suis floué. . Tiens, tu es le diable !

ANTONIA

Voyez ce que c'est ; vous m'appelez le diable, et Félix
dit que je suis suis un ange... et vous, Fanny ?

FANNY, courant l'embrasser

Moi, je vous aime.

BÉJOU

Oui, oui ! lichez-là !... relichez-là ! c'est pour vous
qu'elle me ruine ! serpent, va ! sorcière du moyen âge !
araignée malfaisante !

ANTONIA

Monsieur Béjou !

BÉJOU

Non ! tu ne m'intimideras pas ! je te dirai ton fait une
bonne fois.

FÉLIX

Voyons, mon oncle, vous vous appelez Olivier...
étendez sur nous le rameau de paix...

BÉJOU

Jamais de la vie ! je suis victime des romans ! elle me

met sur la paille pour que je représente le gentilhomme
pauvre, mais j'en ai assez de ses grandes phrases !

ANTONIA

Mes phrases, M. Béjou? la vertu, l'honneur, le devoir,
vous appelez tout cela des phrases, n'est-ce pas?... et
pourtant c'est grâce à ces phrases que votre nom est
resté sans tache, que votre foyer n'a pas connu la
honte... si je n'avais pas aimé les phrases, peut-être, à
l'heure qu'il est, bondiriez-vous prêt à saisir un glaive.
Mais vous pouvez laisser au fourreau votre épée, car je
suis sans reproche et sans peur. Oui, Monsieur. je vous
suis restée fidèle comme si vous étiez beau, gentil, pim-
pant... J'ai résisté à toutes les tentations de ma jeunesse.
rien qu'en me répétant quelques-unes de ces phrases dont
me reprochez aujourd'hui l'abus préservateur.

BÉJOU

Ta, ta, ta ! en voilà une forte... je ne sais ce qui me
retient...

FÉLIX

Allons, mon oncle, pas tant de fracas. Nous ne vou-
lons à aucun prix, ma fiancée et moi, apporter la discorde
dans votre logis, et nous vous supplions en grâce d'accepter la moitié de notre héritage.

FANNY

Oh ! je vous en prie !

BÉJOU

Dame... ce serait convenable... qu'en dis-tu, Antonia ?

ANTONIA

Je refuse avec horreur.

BÉJOU

Je m'y attendais... mais il y a un petit empêchement...
mon fameux pari ! je l'ai gagné, j'avais gagé qu'ils s'épou-
seraient... et ils s'épousent. Tu me dois une discrétion...
j'exige que tu acceptes leur moitié.

FÉLIX, bas à Antonia.

Acceptez, mon amie, ou je croirai que vous me gardez
rancune.

ANTONIA, vivement.

J'accepte... mais à titre d'usufruit. Je n'ai pas d'enfants : les vôtres seront mes héritiers ; aimez-moi tous
un peu en échange : vrai, je le mérite.

BÉJOU

Enfin ! voilà des paroles raisonnables ! Fanny, embrasse ton pauvre oncle, et va dire qu'on nous prépare
un grand punch d'honneur. Je l'allumerai en guise de
feu de joie... et vous, madame, en ce jour solennel, jurez
à votre époux de ne plus vous montrer romanesque.

ANTONIA, regardant Félix.

Oh ! soyez tranquille !.. c'est fini.

LES CHARITÉS DE LUCIENNE

PERSONNAGES:

LUCIENNE, jeune veuve.

COMTE HENRI DE VALNEIGE, 28 ans.

RAOUL DE KERSALIEU, 33 ans.

LES CHARITÉS DE LUCIENNE

COMÉDIE EN UN ACTE ET EN VERS

La scène se passe de nos jours, entre l'Étoile et la Madeleine. Salon élégant. Porte unique.

SCÈNE PREMIÈRE

LUCIENNE, RAOUL

Au lever du rideau, Lucienne est assise devant une table surchargée de lots élégants. Raoul est assis près d'elle.

LUCIENNE

Voici mes lots rangés les uns auprès des autres.
Encor ceux de monsieur Valneige, et les vôtres.
Et tout sera fini.

RAOUL

      Mais que d'objets pour moi !
Je ne me croyais pas si riche, par ma foi !

LUCIENNE, prenant les objets à mesure qu'elle parle.

Un pèse-lettre... Oh Dieu ! c'est une Providence !
Vous dont j'ai dû solder avec condescendance
Tant d'épîtres d'amour passant le poids taxé.

RAOUL.

Moi, Madame !

LUCIENNE

Un coussin... c'est assez bien pensé...
Il vous rappellera que, soit dit sans rancune,
Je n'ai rien sous les pieds.

RAOUL, se précipitant sur un coussin.

Ah ! pardon !

LUCIENNE

La fortune
A remis son bandeau pour un moment disjoint,
Car je vois un briquet, et vous ne fumez point.

RAOUL, avec quelque fatuité.

Mais je puis, ce me semble, éveiller d'autres flammes
Qui... d'un tout autre genre...

LUCIENNE

Ah ! je comprends ! les femmes !

RAOUL

Oui, près d'elles j'obtins d'assez nombreux succès,
Et si votre rigueur invincible...

LUCIENNE

                         Oh ! je sais !
Retournons, s'il vous plaît, à notre loterie.
Le partage étant clos, aidez-moi, je vous prie,
A défaire ceci.
(Elle va vers une console et tous deux défont un volumineux paquet.)

RAOUL

Comment ! c'est un tableau ?

LUCIENNE

Et, comme il est de moi, je le trouve très beau !

RAOUL

Et vous le destinez à monsieur de Valneige ?

LUCIENNE

Regardez son billet.

RAOUL

                     Eh bien ! que vous disais-je ?
Tout à l'envers qu'il est, ce chiffre est très précis,
C'est quatre-vingt-dix-neuf et non soixante-six
Qui se trouve marqué sur ce chef-d'œuvre unique.

LUCIENNE

Eh ! monsieur, point du tout !

RAOUL

Regardez l'astérique !
Madame, vous trichez ! l'astérique est en bas !

LUCIENNE

D'abord, monsieur, sachez que je ne triche pas.
Sachez encore, afin d'être couvert de honte,
Que monsieur de Valneige... oh ! j'ai bien fait son compte
M'a pris cinq cents billets, et vous...

RAOUL

Hein !

LUCIENNE

Vous... trois cents

RAOUL

Lui, Valneige ! Voyons, ça n'a pas de bon sens !
La fortune en dormant lui serait donc venue ?
Mais chez tous ses amis sa gêne est bien connue !
Son oncle est gras et frais ainsi qu'un nouveau-né,
Son éditeur se trouve à peu près ruiné ;
Où donc a-t-il pu prendre une pareille somme ?

LUCIENNE

C'est son secret ! et vous, vous l'élégant jeune homme
A qui je recourais quand nul ne donnait plus,

Quand ventes, bals, concerts, devenaient superflus,
Vous êtes distancé par un modeste artiste.
Par un humble écrivain !

RAOUL, avec humeur

Dites un journaliste...
Il fait des feuilletons à vingt-cinq francs par mois.

LUCIENNE

Mais il a du talent, dit-on, et je le crois.
Son jour viendra.

RAOUL

Fort bien, je m'y devais attendre.
Il n'est si beaux lauriers que les vœux d'un cœur tendre.
L'éloge est pour Valneige et le blâme est pour moi.
Vous l'avez couronné ; c'est tout dire : il est roi.
Je ne me plaindrai pas. Permettez qu'à ma gloire
Je sorte malgré tout de cette piètre histoire.
Et qu'étant beau joueur, je laisse mon orgueil
Imposer le silence à mon amour en deuil.

LUCIENNE

Ah ! bravo ! Dieu ! le beau mouvement d'éloquence !
Voyons je vais parler en toute confiance,
Car vous le méritez, malgré vos airs de fou.
Puis, mieux vaut en finir Je fuirais n'importe où
Pour qu'on ne vienne pas me répéter sans cesse :
A quand le mariage ? — Eh ! mon Dieu, qu'on me laisse !
C'est dit : veuve je suis, veuve je resterai.

8.

On sait que mon mari n'était pas à mon gré :
Vieux ni jeune, content ni triste, gros ni mince,
Fuyant le boulevard, adorant la province,
Humeur incompatible avec la mienne...

RAOUL

Et puis

Faisant sauter la coupe et buvant comme un puits,

LUCIENNE, avec une dignité douce.

Je n'ai pas dit cela ; vous altérez le texte.
En tout cas, je suis libre, et sous aucun prétexte,
Je ne veux me soumettre à de nouvelles lois
Si j'allais tomber mal une seconde fois !
D'un jugement peu sûr je donnerais la preuve,
Et comme il est toujours aisé de rester veuve,
On ne me plaindrait pas dans mon malheureux sort
Puisque la récidive aggraverait mon tort.
Donc, vous voilà fixé.

RAOUL.

Souvent femme varie...

LUCIENNE

Fi donc !

RAOUL

Et plus souvent encore se remarie.

LUCIENNE

Vous espérez toujours ?

RAOUL.

Au contraire, j'ai peur.
Ton rival est bien fort.

LUCIENNE

Ah! quel effroi trompeur.
Je ne le vois jamais : comment l'épouserais-je ?
Voilà deux mois...

UN DOMESTIQUE

Monsieur le comte de Valneige !

SCÈNE II

HENRI, RAOUL, LUCIENNE

LUCIENNE, à Henri.

Ah! monsieur, votre lot vous attendait ici.

HENRI

J'ai gagné! Quel prodige! Et qu'est-ce donc?

LUCIENNE, désignant le tableau.

Voici !

HENRI

Un tableau... la belle œuvre ! elle n'est pas signée
Madame, mais déjà je vous ai désignée.

LUCIENNE

Vous vous trompez, monsieur !

HENRI

Oh,non pas ! j'ai la foi.

RAOUL

Eh bien ! puisqu'il le faut avouer, c'est de moi.

LUCIENNE

Ah ! mais non !

RAOUL

Allons-donc !... Voyez-vous l'orgueilleuse !

HENRI

De votre incognito soyez moins soucieuse,
A son œuvre,madame,on connaît l'ouvrier.

RAOUL, à Lucienne à demi-voix.

Après un tel proverbe, il faut se marier.

LUCIENNE, sur le devant du théâtre.

Messieurs. Oyez ceci : nul impôt ni géhenne
Ne vous viendront jusques à la saison prochaine
Car ma série est close.

RAOUL

Ah ! quel regret pour tous !

LUCIENNE

Comment, vous regrettez... c'est méritoire à vous !
Il vous en a coûté mille écus cette année.

Pendant toute cette fin de scène Henri regarde le tableau et reste
plongé dans sa rêverie.

RAOUL

Dieu ! le charmant emploi d'une belle journée !
Partout des fleurs, partout des festons, des rubans,
De ravissants minois derrière tous les bancs.
De blanches mains vers nous s'avançant suppliantes
Et des bouches en cœur, des têtes souriantes
Sitôt que notre bourse est ouverte ! Il est vrai
Qu'un objet de deux sous pour cent francs est livré ;
Mais, par ces moyens-là, domptant les plus rebelles,
On veut se ruiner pour contenter les belles !

LUCIENNE

Ah ! « les pauvres »,... Monsieur !

RAOUL.

                    Tiens, c'est vrai! j'oubliais. —
Mais il est un moyen, de placer des billets
— Vous le savez, madame, — et de pencher la tête
Pour les pauvres... qui sert à plus d'une conquête !

LUCIENNE

Mon Dieu, que ferait-on tout le temps de l'été
Si l'on ne s'occupait un peu de charité ?
J'avais une toilette idéale, un poème !
C'était un bouillonné de satin ciel et crème
Avec certains rubans dits : vapeur de Paris.
Or, on ne dansait pas, et le ciel était gris ;
Au moment où l'espoir de porter ma toilette
Fuyait...

RAOUL.

    Ciel ! qu'advint-il ?

LUCIENNE

                    Je lus dans la gazette
Qu'une vente au profit des noyés, dans trois jours,
Allait s'organiser, et j'offris mon concours.
C'est très doux d'être utile... et même d'être belle.
Aux louanges d'autrui je ne suis point rebelle
Tout cela n'était pas un crime sans merci,
Et m'en gronder serait par trop farouche, aussi !

RAOUL.

    Oui, si l'on ne voyait ainsi de pauvres hères
Tarir à contre cœur d'anonymes misères

Qui les touchent bien moins que leur gêne. Cent sous !
C'est énorme pour eux, si c'est mesquin pour vous.
Ils sauvent leur orgueil, mais ils serrent leur ventre.

LUCIENNE, un peu embarrassée.

Vous plaisantez, j'espère ?

RAOUL.

               Il est temps que je rentre
Dans mon rôle, n'est-il pas vrai ? sur mon honneur
Je ne tiendrais pas bien l'emploi de sermonneur,
Surtout auprès de vous ! Éternel anathème
Sur qui, vous résistant, se résiste à lui-même.
En ces petites mains, bien fou qui se plaindrait
De verser l'or ! comment éprouver un regret
Quand on vous aperçoit en bouillonnés, en frange ?...
Moi, de la charité j'ai cru voir le bel ange.

LUCIENNE, riant.

Insolent ! gare à vous, je vous dépouillerai !

RAOUL, prenant son chapeau avec effroi.

Adieu !

LUCIENNE

Jusqu'au dîner ?

RAOUL

               Certes ; je reviendrai
Au plus vite.

LUCIENNE

J'ai donc une cuisine exquise?

RAOUL

Ah! méchante!

Il revient.

A propos, vous savez que Marquise Court avec Pain-Brûlé?

LUCIENNE, moqueuse.

Bah! quand ça?

RAOUL

Fin juillet.

LUCIENNE

Si Marquise a le prix, placez-lui mon billet.

RAOUL

Je me sauve!!!

Saluant

Monsieur,... madame...

SCÈNE III

LUCIENNE à droite, HENRI à gauche. Ils s'asseyent.

LUCIENNE

                Quelle tête !
A force de chercher l'esprit, il devient bête.
Que l'homme est singulier ! vraiment, dans peu, je crois
Qu'on viendra nous priver du plus doux de nos droits.
L'aumône est cependant une innocente chose...
— J'en suis sûre, monsieur, vous défendez ma cause...
Et pourtant vous m'avez laissée en grand péril
Tout à l'heure ! ce long mutisme d'où vient-il ?
Répondez donc enfin !

HENRI, résolument.

         Vous le voulez, madame ?

LUCIENNE

Sans doute. Parlez franc malgré que je sois femme.

HENRI

Je vous estime trop pour pouvoir vous mentir ;
Et puis d'avoir dit vrai qui peut se repentir ?
Même quand elle sort d'une bouche frivole,
La vérité s'impose en sa moindre parole,

Et j'en veux pour garant ce jeune écervelé,
Qui vous a de la sorte impunément parlé.

(Il se lève.)

Oui, madame! je hais cette trappe coquette
Que recouvre à demi sa sublime étiquette,
Je souffre à voir l'argent éblouir un œil pur ;
...L'éclair d'un tel triomphe altère son azur.
Puis n'êtes-vous pas femme, et la reine du globe ?
Dieu! vous de qui chacun devrait baiser la robe,
Vous à qui l'on devrait ne parler qu'à genoux,
Vous vous faites petite et douce devant nous.
Tout cela pour pouvoir, auprès d'une rivale,
Étaler une somme immense, sans égale.
L'œuvre ne vous importe, et cela se conçoit.
Le vrai pauvre, c'est bien votre argent qu'il reçoit,
Car je sais, Dieu merci, ce que plus d'un révèle,
Quoique vous cachiez bien cette grâce nouvelle ;
Je sais que votre aumône est faite par vos mains,
Et que des galetas vous prenez les chemins.
Tout l'éclat attristant de vos robes de fête,
Je l'oublie aussitôt, quand votre jeune tête
Si belle, si joyeuse, apparaît devant moi,
Et lorsque je me dis : dans son charmant effroi
D'être par un passant curieux, reconnue,
Ce matin, sous un voile, elle était dans la rue,
Elle faisait à chaque indigent une part
De sa douce parole et de son clair regard...
Alors je vois en vous un envoyé céleste,
Et mon cœur subjugué vous pardonne le reste.

LUCIENNE, émue.

Mais moi je m'humilie, et, je vous le promets,

On ne me verra plus dans les ventes, jamais!
J'en ai pris tout à coup l'aversion profonde.

HENRI

Ah! tenez, quand j'attends qu'un éclat me confonde,
Comment subir de vous cet adorable trait?
— Vous m'avez dû trouver un grondeur indiscret.
Et je vous ai jugée insolemment, peut-être?
Pardonnez! de mes sens je n'étais plus le maître!
J'oubliais tout... hormis le mal que j'ai souffert,
Quand un de vos bouquets pour vingt francs fut offert!
Quand chacun eut le droit de mettre en vos mains pures
Cet or, qui fait partout à l'honneur des morsures.
Moi qui vous regardais sourire au plus offrant,
Pouvais-je contempler d'un œil indifférent
Ces fats, ces effrontés empressés à vous plaire?
Ah! je sentais mon sang bouillonner de colère.
Je les aurais tués! j'étais fou de douleur...
Qui ne fut pas jaloux ignore le malheur!
L'attente et le remords, ces deux maux si terribles,
Portent des coups moins prompts, moins sûrs et moins horribles,
La mort ne peut causer de plus cruels moments.
Et l'enfer n'aura pas de plus durs châtiments.

LUCIENNE

Mais, monsieur... ce reproche étrange... ce langage
Et ce trouble...

HENRI

Eh bien, oui! Je n'ai plus le courage
D'écraser en mon sein mon solitaire amour

Sans montrer une fois sa blessure au grand jour.
Non, non! Je ne peux plus! la plaie est trop profonde,
Elle s'est trop longtemps cachée aux yeux du monde;
Trop longtemps de mon cœur j'ai comprimé le flux,
Je veux encore me taire... et je ne le peux plus!

LUCIENNE, effarée.

Au nom du ciel! Henri!... monsieur! je vous supplie,
Calmez-vous!

HENRI

      J'aurais dû vous taire ma folie!
Pardon! vous recevrez aujourd'hui mes adieux,
Je me sens ridicule ou coupable à vos yeux...

LUCIENNE

Vous me faites pleurer, et j'en deviendrai laide!!!
— Cependant je voudrais vous trouver un remède.
Vous épouser... oui-dà! c'est trop de charité,
Contre ce péché-là je vous sais irrité.
La vie est quelquefois une chose effrayante!...
Savez-vous que j'étais à ce point confiante
De vous chercher, sous main, une femme à mon goût!
— Moi vous ne m'iriez pas, je le sens, pas du tout:
Mais, je sens bien aussi que je serai jalouse
De toute autre que moi devenant votre épouse...
Et pourtant, Dieu le sait, je ne vous aime pas!

SCÈNE IV

LES MÊMES, RAOUL

Un domestique.

Monsieur de Kersalieu !

LUCIENNE, à Henri.

Quoi ! vous partez ?

HENRI

Hélas !

LUCIENNE

Non, restez.
(A Raoul.)
Vous entrez comme mars en carême.

RAOUL

Bien, ou mal ?

LUCIENNE

Oh ! mon Dieu, cela revient au même
Voyons, distrayez-moi, j'ai les nerfs déroutés...
Qu'est-ce qu'on dit de neuf ? qu'est-ce que vous portez
Dans vos deux bras ?

RAOUL

De quoi vous amuser, madame.

LUCIENNE

Un livre? ah ! bien... donnez.

RAOUL

         Oui; selon la réclame
C'est superbe, et suivant les envieux, c'est mal.
— Autrement dit, l'ouvrage est loin d'être banal,
Et signé d'un tel nom, voyez.

LUCIENNE, prend le livre, l'entr'ouvre.
Henri a légèrement tressailli. Raoul s'en aperçoit et le suit des yeux
avec une surprise croissante.

LAURENT MONTUDE.

— *Journal d'un philosophe.* — Un roman, une étude,
A ce que je puis voir... Mais... j'y songe à présent...
C'est un livre qu'hier j'ouvris tout en causant ;
J'étais chez une amie et le parcourus vite,
Mais j'y crus reconnaître un si réel mérite
Que j'en restai saisie... oui... car j'y retrouvai
Comme le vague écho d'un air jadis rêvé ;
Je remarquai surtout une certaine page...
Je la cherche... et ne puis retrouver ce passage...
    (Elle feuillette quelque temps, puis regarde brusquement Henri.)
Connaissez-vous l'auteur? Avez-vous lu cela,
Monsieur?

HENRI, troublé.

Moi, non, madame,

LUCIENNE

                    Ah! je reconnais là
Des endroits merveilleux, de très belles pensées,
Des peintures de mœurs très finement tracées...
Mais... monsieur de Valneige... il semble, au dénoûment
N'avez-vous pas écrit vous-même ce fragment?

RAOUL

Qui lui?

HENRI, d'une voix altérée.

Qui? moi, madame?

LUCIENNE, se levant.

                    Ah! cessez donc de feindre
Mais je vous reconnais! quel autre saurait peindre
De semblables couleurs l'ardente passion?
Vous parlez de la sorte aux jours d'émotion!
Mille fois j'entendis votre bouche me dire
Ce que nulle autre main ici ne put écrire!
Je le vois! je l'atteste!

HENRI, courageusement

                    Un soupçon trop flatteur
Vous égare.

RAOUL

En effet, car le nom de l'auteur
Est là sur le volume...

LUCIENNE

Eh bien ! moi, que m'importe ?
Qu'est-ce que la raison quand l'âme est la plus forte ?
Mon âme à moi, devine avec un soin jaloux
L'homme dans son ouvrage, et cet homme, c'est vous,

HENRI, hors de lui.

Non ! non ! mille fois non ! que l'univers s'effondre
Si jamais autrement j'arrive à vous répondre !

RAOUL, avec éclat et gaieté

Monsieur le romancier, vous en avez menti ;
C'est de votre cerveau que le livre est sorti !
        (A Lucienne)
Ah çà ! causons un peu tous les deux, belle dame.
— J'ai, sans trop m'en douter, machiné cette trame.
Je sais, moi, que Montude est un entrepreneur
Qui lit, qui signe, et qui gagne tout, — fors l'honneur.
Or, au cercle, on m'a dit ce soir, entre deux cotes,
Que pressé de solder de très criantes notes
Il a dû commander cet ouvrage à quelqu'un ;
On nomme bien des gens sans répondre d'aucun ;
Et j'arrivais, l'esprit tout plein de cette affaire.
— Madame, désormais il faut qu'on en réfère
A votre jugement, pour ces énigmes-là.

LUCIENNE

Et... dans quel intérêt m'avez-vous dit cela ?

RAOUL

Ma foi, je suis ainsi ! ma raison s'exaspère
Quand on nomme un enfant autrement que son père.
Que chacun ait son dû !... Puis il a bien nié,
Et cela m'a soudain rendu son allié !

LUCIENNE, lui tendant la main.

Touchez-là, nous serons amis.

RAOUL, demi-mélancolique.

C'est quelque chose.

LUCIENNE, à Henri.

Eh bien, monsieur, pourquoi vous taire ? quelle cause
Peut, devant l'évidence, arrêter votre aveu ?
Je ne sais plus que croire, et je m'effraie un peu.
— Allons...dites... voyons, mon ami, je supplie !
Monsieur a-t-il dit vrai ?... Non ?.. C'est de la folie !...
Que je ne me sois pas humiliée en vain !
Avouez que je fus pour vous un bon devin...
Parlez à Lucienne... Ah ! monsieur de Valneige,
Si vous m'aimez encor, dites-moi, me trompé-je ?

HENRI, presque à genoux.

Non, non, ange du ciel, vous ne vous trompez pas.
Vous seule avez su voir la trace de mes pas
Que m'importe à présent tout ce qu'on pourra croire,
Puisqu'en vous j'ai trouvé mon triomphe et ma gloire !
Que le monde pour moi soit cruel et moqueur,
Mon asile est un trône au fond de votre cœur !

9.

(A Raoul.)

Vous voyez là, monsieur de quoi l'on est capable,
Quand d'un amour si fou l'on est déjà coupable.
Un secret absolu me liait : devant vous,
Devant elle il m'échappe...

RAOUL

Il est sacré pour nous.

HENRI, lui tendant la main.

(Grave.)

Merci, monsieur, j'y compte... Ah ! quelle tentatrice !
Pouvais-je résister à sa voix séductrice ?
Oh ! non ; jusqu'à l'enfer dût-elle m'entraîner,
Seuls ceux qui n'aiment pas pourraient me condamner.

LUCIENNE

Comme vous avez dû souffrir !

HENRI

Oh ! c'est horrible !
Voyez-vous ! qu'on exalte une œuvre ou qu'on la crible,
L'auteur qui doit toujours écouter, sans bondir
Pour relever le gant, ou bien pour applaudir,
Qui subit sans broncher la louange ou le blâme,
Celui-là, c'est un corps dont on a volé l'âme !
— Mais que dis-je ? de quoi me plaindrais-je aujourd'hui
Mon chagrin s'est calmé quand vos regards ont lui ;
Vous avez déridé, d'un mot, mon front morose ;
Je me souviens plus que d'une seule chose :
Vous m'avez deviné ! vous m'avez deviné !
Que tout mon horizon dans ces mots soit borné !

RAOUL

Dieu ! que d'amour ! Vraiment mon rôle est pitoyable.
— Après tout, l'aventure est des moins incroyable.
Et madame vous rend le même procédé.
Car tout à l'heure à peine aviez-vous regardé
    (Montrant le tableau.
Ce petit objet-là, que votre cœur fidèle
A mis la signature en criant ! Dieu ! c'est d'elle !
— C'est qu'à l'œuvre on connait l'ouvrier...

LUCIENNE, rêveuse.

Mon tableau.
    (A Henri.)
Vous l'avez couvert d'or...

HENRI, gaiement.

Ma foi, tout un rouleau !

LUCIENNE

... L'on s'étonnait de voir cette aisance subite...
Car à moins qu'on ne joue... ou bien que l'on n'hérite...
    (Avec émotion.)
Ou qu'on vende sa plume...
    (Mouvement de surprise de Raoul. Lucienne cache sa tête dans ses mains.)
Ah ! Dieu ! c'était cela !
    (Geste de dénégation de Henri.)
Ne me répondez pas, monsieur, car je sens là
Un de ces grands remords que jamais rien n'efface...

HENRI

Allez, le bonheur seul laisse une longue trace...
Soyez bénie !

RAOUL, regardant le tableau.

Ah ! dame ! il gagne le gros lot !

LUCIENNE, souriant.

Prenez garde, monsieur, qu'on ne vous prenne au mot,

HENRI

Comment ?

RAOUL

Allons ! encore une énigme amoureuse ?

LUCIENNE

Prenez garde tous deux. Je suis fort vaniteuse...
Si j'allais croire, enfin, que le gros lot c'est moi...

HENRI, à Raoul.

Que dit-elle ?

RAOUL

Elle dit...
(S'interrompant avec une colère comique.)
Arrangez-vous, ma foi.

LUCIENNE

Vous ne comprenez pas, Henri, que je vous aime.
Et vous donne ma main ?

HENRI, avec passion.

Ah !

RAOUL

                        C'est le coup suprême,
La chose était fatale... Allons !
    (Il marche vers eux.)
                                    Mes fiancés,
Recevez tous les vœux, trop désintéressés,
D'un vénérable ami. Soyez heureux ensemble.
Je vous unis.

HENRI

    Ah ! chut ! ne parlez pas ! je tremble
Que le rêve adoré ne s'enfuie au réveil !

RAOUL, montrant Lucienne.

Grand fou ! vous croyez donc dormir en plein soleil !

LUCIENNE

Un compliment, monsieur, c'est assez charitable,
Et...

UN DOMESTIQUE

Madame est servie !

LUCIENNE

Allons, messieurs, à table.

(Elle prend le bras de Raoul et passe en tendant la main à Henri qui la
couvre de baisers.)

LE MÉDAILLON

PERSONNAGES

LUCINDE.

LISETTE.

DORANTE.

LE MÉDAILLON

COMÉDIE EN UN ACTE

La scène se passe à Paris dans le jardin de la Marquise ; à droite un banc, à gauche un pavillon.

SCÈNE PREMIÈRE

LUCINDE, LISETTE

LUCINDE, assise, lisant.

« C'en était fait, Anténor n'aimait plus Clotilde. Un vain prétexte avait servi sa rancune, tant d'amour avait fui comme un rêve, tant de bonheur s'était évanoui pour toujours ! » (Elle ferme le livre) pour toujours... et voilà ce que c'est que les hommes ! tous pareils... tous légers... Lisette, ne te marie jamais.

LISETTE

Hélas !

LUCINDE

Les plus aimables, vois-tu bien, sont les plus perfides.

LISETTE

Madame la marquise pense au défunt marquis ?

LUCINDE

Moi ? — non... oh non !... pauvre homme... c'était un bien brave homme...

LISETTE

Et un homme bien brave... d'épouser à cinquante ans une fille de vingt.

LUCINDE

J'étais mûre par l'esprit et le cœur,... il n'a pas eu lieu de s'en repentir pendant tout le temps de notre union.

LISETTE

Deux mois.

LUCINDE

Plût au ciel qu'il vécût encore !

LISETTE

Oui... mais voilà quatre ans que nous l'avons enterré ! — Je me suis souvent demandé comment Madame la Marquise qui est d'un naturel aimant, gentil, et propre à faire le bonheur d'un homme, n'avait jamais pensé à contracter une nouvelle union...

LUCINDE

Pauvre enfant ! tu as donc encore des illusions sur les hommes ?

LISETTE

Sur les valets, oui, Madame. Pour ce qui est des maîtres, je ne me permets pas...

LUCINDE

Eh bien, écoute, et que ceci te serve de leçon. J'avais une amie... de mon âge et dont le caractère présentait quelque analogie avec le mien. Affectueuse, compatissante, veuve, jolie — à ce qu'on disait, — elle se vit recherchée par un de ces jeunes gens qui se font un jeu du cœur des femmes. Elle l'aima... j'en rougis pour elle. Elle alla, Lisette, jusqu'à lui promettre sa main !

LISETTE

Grand Dieu !

LUCINDE

Mais avant qu'on n'eût fixé le jour des épousailles, un trait de lumière vint éclairer la jeune femme sur la prétendue passion du comte...

LISETTE

Ah !... il était comte ?

LUCINDE

Je dis comte comme je dirais baron. C'était un grand
seigneur par la naissance, mais son âme était plus basse
que celle de son laquais...

LISETTE, à part.

Attrape, Lafleur !

LUCINDE

Un jour, après une visite où le séducteur s'était montré plus épris, et, il faut bien l'avouer, plus irrésistible
que jamais, mon amie trouva sur le sol...

LISETTE

Un médaillon.

LUCINDE

Tiens ?... d'où le sais-tu ?

LISETTE

Je l'ai deviné... ayez la bonté de poursuivre.

LUCINDE

Un médaillon tombé de la poche du comte. Il contenait une boucle blonde, et sa fiancée avait les cheveux
noirs.

LISETTE, en même temps que Lucinde.

Et sa fiancée avait les cheveux noirs.

LUCINDE

Encore !... Ah çà, Lisette, t'aurais-je déjà raconté cette histoire ?

LISETTE

Déjà raconté... oh ! fi donc ! les redites ne sont permi_ses qu'aux vieillards et aux amoureux... or Madame la marquise n'aime personne...

LUCINDE

Enfin tu avoueras que le trait est noir...

LISETTE

Comme aurait dû l'être la boucle de cheveux dont, par parenthèse, on n'aurait pas su la couleur si la soubrette avait poudré convenablement sa maîtresse... à moins que les baisers du comte n'eussent enlevé toute trace de fa-rine...

LUCINDE, fâchée.

Tu ris de tout, Lisette.

LISETTE

C'est l'effet de l'inaction, Madame la marquise ne ré-clame plus mes services ; ses diamants brillent comme des noisettes sèches et ses dentelles sont des cordelles.

LUCINDE

Qu'importe, mon enfant, je ne cherche pas le regard
des hommes.

LISETTE

Hé! Madame, que voulez-vous chercher d'autre?

LUCINDE

Tu es jeune, toi, Lisette... d'ailleurs ce que je porte
est inarrangeable et mes armoires sont vides.

LISETTE

Madame a son déshabillé de taffetas amaranthe... il
avait tant de succès, du temps qu'on nous voyait un peu
dans le monde... n'était-ce pas le chevalier de Vielroche
qui le trouvait si galant?

LUCINDE

Mais où as-tu la tête, Lisette? tu deviens folle, je
crois? Le chevalier de Vielroche donner son avis sur un
ajustement, lui qui ne distingue pas un ver luisant d'une
lanterne.

LISETTE

Madame a cent fois raison. Qu'ai-je dit là? le chevalier de Vielroche... j'ai voulu parler du prince de Salerte.

LUCINDE

De mieux en mieux ! Le prince de Salerte... un jouvenceau qui n'a ni dents ni cheveux et qui porte la défroque de son aïeul... pauvre Lisette, qu'as-tu fait de ta mémoire ?

LISETTE

J'y suis... c'était le comte de Chaulieu.

LUCINDE, outrée.

Enfin ! vous y êtes, comme vous dites ! voilà une heure que vous tournez autour de ce sujet malséant... Croyez-vous que je n'aie pas vu votre manège, et qu'il vous fallait absolument amener ce nom sur le tapis ? Ah le comte de Chaulieu trouvait de son goût ma robe amaranthe ? vous savez fort bien qu'elle est, par ce seul fait, condamnée dans mon esprit, et vous espériez sans doute vous y tailler un ajustement... mais cette fois, votre aplomb vous a mal conseillée, et pour vous ôter l'envie d'y revenir, je m'en vais, incontinent, jeter cette robe par la fenêtre.

SCÈNE II

LISETTE, seule.

Par la fenêtre !!! voilà pourtant comme on est reçu quand on sert les gens selon leur appétit ! Oh ! oui, je le

connais, ce grand grief sur lequel Madame revient toujours... Une mèche de cheveux... en vouloir à un homme
pour une mèche de cheveux ! quel caractère, mon Dieu,
quel caractère ! il aurait fallu à Madame un amoureux
comme Lafleur, qui a des collections de mèches noires,
jaunes, bleues.. non ; pas bleues ; mais rouges, châ-
taignes, voire grises ou blanches, et qui les exhibe
comme des gages d'amour à ceux qui ne l'ont pas connu
coiffeur, et qui ne savent pas d'où elles lui viennent... le
pendard ! quant à son maître, je me suis toujours sentie
portée pour lui par cet instinct naturel qui nous fait volontiers donner tort à notre sexe dans les querelles
d'amour ; en conséquence, je l'ai prié de venir tout à
l'heure se concerter avec moi pour l'exécution d'un petit
plan que n'eût pas désavoué monsieur de Choiseul. Fasse
le ciel que je réussisse! ... leur mariage m'arrangerait si
bien ! Lafleur et moi servant les mêmes maîtres, dotés
par eux, mariés par eux... quel rêve ! Au lieu de cela, il
m'a fallu, depuis la débâcle, voir mon amoureux à bâtons
rompus, lui écrire de façon clandestine... J'avoue que cela
donne un certain ragoût à la chose... mais on se lasse
bientôt du fruit défendu ; — d'ailleurs nos intérêts en
souffrent. « Maîtres point amoureux ne sont point généreux », est-il écrit dans le code des valets. Dieu sait pourtant si notre vie est maussade. Madame la marquise ne
cesse de gémir. Monsieur le comte ne cesse de soupirer...
quelle drôle de manière de comprendre l'amour !

SCÈNE III

LISETTE, DORANTE

DORANTE, avec enthousiasme.

Lisette.... c'est donc vrai ! bien vrai ! te voilà, tu m'attends, et nous allons parler d'elle.

LISETTE

Plus bas donc !... elle va vous entendre et, de l'humeur dont elle est, je ne réponds plus de rien.

DORANTE

Ah ! Lisette... me voici chez elle, mes pieds se posent sur la trace de ses pas, je respire son parfum jusque dans l'atmosphère de ce parc... je sens qu'elle est là, derrière ces fenêtres, me raillant, ou m'oubliant, ce qui est pire... En quel état m'a réduit cet amour pour que je sois venu sur ton ordre, m'accrochant à toi comme le naufragé s'accroche au brin d'herbe, et reparaissant après deux années d'exil dans ces lieux d'où je fus si cruellement banni !

LISETTE

Oui... l'on vous ferma bellement la porte au nez... et pourquoi ? je vous le demande...

DORANTE

Pourquoi ? mais pour l'ouvrir au vicomte de Vardes !
J'étais venu signifier une rupture et l'on s'en évita
la honte en refusant de me recevoir... hélas... au
bout d'un mois j'avais tout pardonné. Bientôt le
besoin de revoir Lucinde devint plus fort que mon
courroux, et je sentis qu'avec une parole elle aurait
raison de l'évidence même...

LISETTE

Ah ! ces grands seigneurs ! comme ils savent aimer !

VALÈRE

Oui, Lisette, quoique le personnage soit un pied
plat bon à rouer en grève, j'aurais accepté ce choix
indigne... mais m'avertir ainsi brutalement, sans pitié
pour mon amour, sans égards pour ma fierté ! mépriser
mes dons au point d'en parer cet imbécile... cela, Lisette
cela, c'était plus que de la haine.. C'était du dédain.

LISETTE

Mais... de quel don voulez-vous parler ?

DORANTE

D'une rose incomparable, obtenue à force d'art, acquise
à force d'or, reçue par Lucinde avec tous les dehors de
l'affection la plus vive... et s'étalant au bout d'une heure
sur le jabot de ce fantoche.., avoue, qu'il y avait bien
là de quoi rompre, et que, m'eût-on dix fois ouvert la

porte au lieu de m'en défendre l'entrée, une réconci-
liation subite eût été odieuse... impossible !

LISETTE, songeuse.

Tout à fait impossible, en vérité !.. Comment
Madame a fait cela ? Quelle faute ! et une faute inutile,
puisqu'elle n'avait aucun projet sur le vicomte...
dès lors à quoi bon humilier un galant homme... Quant
à moi j'en suis tellement suffoquée que je renonce à
toute négociation. Je ne veux pas mettre mon intelligence
au service d'une pareille cause.

DORANTE

Oh! mon Dieu, Lisette, laisse cela... je te le répète
j'ai pardonné !

LISETTE

Non pas ! une coquette n'est point digne de vous.

DORANTE

Après tout le don d'une rose ne tire pas à conséquence.

LISETTE

Cela vous plaît à dire ! pour moi. je ne saurais
l'excuser.

DORANTE

Eh ! qui n'a pas quelque peccadille sur la conscience?

LISETTE

Qui n'a pas... mais au fait, Monseigneur, vous n'ête
pas non plus sans reproche...

DORANTE

Moi ! que veux-tu dire.

LISETTE

Hélas! rien. Je vous pardonne, moi ! ainsi! c'est bien le
moins que Madame en fasse autant, elle qui vous
aime.

DORANTE

Mais qu'ai-je donc fait ?

LISETTE

Moins que rien, vous dis-je ! d'ailleurs le passé est le
passé ... à quoi bon en remuer les cendres? ce qui a été
a été, personne ne peut empêcher cela... la meilleure
preuve que vous n'aimez plus l'autre, c'est que vous
revenez ici ; toutes les mèches et toutes les fleurs du
monde ne prouveront pas le contraire...

DORANTE

Perds-tu la raison. Lisette? Que veut dire tout ce pa-
thos ?

LISETTE

Assez là-dessus. Il n'est si rude blessure qu'un regard

ne guérisse, et tous les raisonnements de Monsieur de Voltaire sont des turlurettes auprès d'un baiser, donc une seule chose importe à cette heure : opérer un rapprochement entre vous.

DORANTE

Ah ! que tu parles bien ! que de sens et que d'esprit ! mais comment t'y prendras-tu ?

LISETTE

Commencez par vous en aller.

DORANTE

Singulier moyen.

LISETTE

Je vais entreprendre Madame, et lui dire de vous un mal horrible.

DORANTE

De mieux en mieux.

LISETTE

Sur ce chef que vous refusez absolument de m'unir à Lafleur.

DORANTE

Lafleur ? Tu veux épouser Lafleur ?

10.

LISETTE

Vous ne vous en doutiez pas, Monseigneur ? qu'on vienne encore vanter la finesse des gens de qualité ! Un valet en sait plus en une heure sur son maître que le maître en un an sur son valet.

DORANTE

C'est que le valet y trouve son avantage.

LISETTE

Holà, monseigneur, lequel de nous deux sera tout à l'heure l'obligé de l'autre ?

DORANTE

Moi... et de grand cœur, Lisette, quand je ne te devrais que le plaisir d'avoir conversé quelque temps avec une jolie fille telle que toi.

LISETTE, avec élan.

Ah ! Monseigneur, vous êtes irrésistible. Laissez-moi faire et tout ira bien. Je ne vous demande qu'une chose, c'est de vous sauver dans l'avenue et d'y guetter, jusqu'à la chute du jour, le moindre signal de votre servante. (Elle tire de sa poche deux mouchoirs différents.) Si j'agite ce mouchoir, cela voudra dire qu'on vous pardonne, et si je laisse flotter celui-ci...

DORANTE

Chut ! on vient.

LISETTE

Tout bas, alors...
Elle lui parle à l'oreille.

DORANTE, surpris.

Comment ?

LISETTE

Ne cherchez pas à comprendre et disparaissez.

SCÈNE IV

LUCINDE, LISETTE

LUCINDE

Lisette... j'ai été un peu vive avec toi, mon enfant, et je m'en veux... tu parlais à bonne intention, et peut-être en effet, vaut-il mieux aborder franchement les sujets difficiles... ainsi donc, ma fille, ne crains pas de me parler souvent de Valère, ce sera le plus sûr moyen de raviver mon courroux.

LISETTE, à part.

Oui, joli moyen... de l'huile sur le feu !

LUCINDE

Tu vois d'ailleurs que toute ma conduite répond à cet

axiome. Je n'ai pas quitté Paris où j'étais exposée à le
rencontrer partout. Je n'ai pas cessé d'errer dans ce jardin que dominent les fenêtres de son hôtel et d'où il peut
m'apercevoir. J'ai bravé tous les ennuis afin de me mieux
prouver à moi-même que l'ancien amour était bien mort,
tué sans retour par sa trahison.

LISETTE

Oh ! quant à cela, en fait de trahison, les femmes peuvent être indulgentes. C'est si rare qu'une inconséquence
de leur part n'ait pas motivé l'abandon d'autrui...

LUCINDE

Qu'est-ce que vous entendez par là ?

LISETTE

Oh ! je sais bien qu'un cadeau pareil, cela ne ressemble
pas à un autre !... cela peut se donner... et se redon-
ner .. quand même on vous l'a donné... on peut vous le
pardonner... Où irions-nous, mon Dieu, si l'on deman-
dait compte aux femmes des moindres faveurs qu'elles
accordent ! elles ne s'en souviennent plus... il faut faire
comme elles !

LUCINDE

Assurément vous perdez le sens.

LISETTE, changeant de ton.

Hélas, Madame... on le perdrait à moins... trop de
malheur peut troubler la raison — comme dit la ro-
mance.

LUCINDE

Encore une énigme.

LISETTE

Savez-vous, Madame, pourquoi je m'acharne ainsi après le comte de Chaulieu? pourquoi je l'accable au point que Madame elle-même m'a souvent reproché ce manquement à la charité?

LUCINDE

Ah! je t'ai reproché...

LISETTE

Plus de cent fois... Eh bien, Madame, sachez-le, je suis la plus déplorable victime de ce seigneur qui ne veut absolument pas consentir à mon mariage avec Lafleur, son valet.

LUCINDE

Lafleur! Tu veux épouser Lafleur!

LISETTE

Madame la marquise blâme-t-elle mon choix?

LUCINDE

Je n'ai jamais regardé Lafleur,... mais au service de son maître il a dû contracter un peu de cette élégance souveraine... qui contraste si tristement avec la petitesse du cœur.

LISETTE

Elégant ? oh non, ce n'est pas son genre, il est **plutôt** bon garçon.

LUCINDE

Et tu dis que le comte est impitoyable ? **As-tu cherché** seulement à le fléchir ?

LISETTE

Si j'ai cherché ? J'ai cherché, Lafleur a cherché, **tout** le monde a cherché... mais baste ! autant essayer d'attendrir ce banc de pierre.

LUCINDE

Il faut que la mauvaise compagnie l'ait bien changé... je l'ai connu doux et compatissant ; à l'heure qu'il est, malgré tout le passé, je suis sûre qu'avec une parole de moi, nous l'amènerions à ce que tu désires.

LISETTE, à part.

Bravo ! Elle y vient d'elle-même. (Haut.) Hélas...cet argument vainqueur est justement celui qu'il m'est interdit d'employer...

LUCINDE

Qui sait ?... Sans doute l'effort me sera rude... mais à présent je n'ai plus d'autre joie que celle de faire des heureux. Puis-je refuser à qui m'implore ?

LISETTE

Ah ! Madame, ce dévouement...

LUCINDE

Je vais écrire ; donne-moi ce qu'il faut.

LISETTE, à part.

Ce n'est pas là mon affaire. (Haut.) Il sera bien fier d'une telle faveur.

LUCINDE

Fier ? et peut-être ira-t-il montrer cette lettre à ma rivale... non, n'écrivons pas, qu'il vienne, Lisette, qu'il vienne !

LISETTE, à part.

A la bonne heure ! (Haut.) Quand cela, Madame ?

LUCINDE

Tout de suite... les choses pénibles ne doivent pas souffrir de retard.

LISETTE

Quel courage et quelle bonté ! je cours à sa recherche.

SCÈNE V

LUCINDE, seule.

Le hasard fait d'étranges choses... me voilà morale-
ment forcée de recevoir celui que je déteste... que je veux
détester... que je dois détester... puisque lui-même n'a
pour moi que de l'aversion... Il tarde bien... me faire attendre, quelle audace ! et s'il ne vient pas, quel affront !
une minute encore et je lui ferme ma porte... le voilà !
Ah ! comme il s'est hâté !

SCÈNE VI

DORANTE, LUCINDE

DORANTE, joyeux.

Je me rends, Madame la marquise, à l'honneur que
vous m'avez fait de m'appeler auprès de vous.

LUCINDE, froidement.

Honneur que vous auriez tort d'estimer trop haut. Des
circonstances particulières ont motivé mon appel et un
moment d'entretien doit suffire à régler cette affaire.

DORANTE, avec dépit.

Je n'espérais pas plus. La nature ne m'a pas donné

l'âme d'un fat, et j'ai trop bonne mémoire pour qu'on soit forcé de me faire deux fois la leçon.

LUCINDE, ironique.

Voilà parler en galant homme. Il y a bonne grâce à désarçonner l'adversaire avant qu'il n'entame l'escarmouche. Ce que j'avais à vous dire est annulé par ce que vous me dites, et l'entrevue n'a plus de raison d'être.

DORANTE

Dites plutôt que la mystification se termine.

LUCINDE

Voilà un bien gros mot. Mettons que j'avais à vous parler et que je ne sais plus à propos de quoi.

DORANTE

Il m'est donc interdit de demeurer ?

LUCINDE

Puisque vous le comprenez de la sorte, faites à votre fantaisie.

DORANTE

C'est un congé en bonne forme.

LUCINDE

Tant mieux si vous la trouvez bonne.

DORANTE

Ah ! c'en est trop ! Adieu, madame !

LUCINDE

Adieu, monsieur.

LUCINDE et DORANTE

Ah ! tout est perdu.

SCÈNE VII

LUCINDE, LISETTE

LISETTE, apparaissant au détour de l'allée.
(A part.)

D'après les derniers mots cela n'a pas marché comme
je l'espérais... Il faut rappeler l'amoureux.
(Haut.)

Eh bien, madame... mon mariage... mon pauvre mariage... est-il enfin résolu ?

LUCINDE

Il s'agit bien de ton mariage ! nous n'en avons pas
même parlé.

LISETTE, à part.

Voilà bien les grands ! comme on aurait tort de préter créance à leurs semblants d'intérêt... (Haut. Hélas ! madame ! me voilà perdue ! jamais je n'épouserai Lafleur... Madame la marquise m'avait pourtant promis...

LUCINDE

Promis !... je n'ai pas promis de m'abaisser devant un impertinent ;... d'ailleurs ce qui est fait est fait, comme tu le dis souvent toi-même.

LISETTE, qui a été voir dans l'allée.

Madame... Monsieur le comte est là qui ne peut se décider à partir... si je le rappelais ?

LUCINDE

Je te le défends bien !

LISETTE, à tue-tête.

Monsieur le comte ! Monsieur le comte ! Ah... il lève la tête,... il comprend,... il se précipite,... madame peut encore me sauver...

LUCINDE

Soit, je lui parlerai.., mais de manière à ce qu'il n'ait pas lieu de croire à ma complaisance.

SCÈNE VIII

LISETTE, DORANTE, LUCINDE

LUCINDE

Deux mots encore, monsieur le comte. J'avais à défendre auprès de vous les intérêts de ma suivante... J'ai vu
de suite le tort que l'avocat faisait à sa cause et je me
suis tue dans l'intérêt de Lisette. La sotte veut se marier
avec votre valet. J'ai désiré cette union que vous désap-
prouviez. Je suis maintenant de votre avis. Hâtez-vous
donc d'en changer et de bénir ce mariage qui me déplaît.

DORANTE

Madame, épargnez-vous des aménités qui me touchent
peu. Je hais votre sexe et ne lui veux que du mal. Je n'ai
plus ni valet, ni maison, ni pays, ni famille. Je vais
courir le monde en secouant la poussière du sol où j'ai
vécu. Toute la race humaine peut s'éteindre sans que
j'en prenne souci. Tous les hommes sont vils, toutes les
femmes sont parjures, et l'amour n'amène avec lui que
hontes et des douleurs.

LISETTE, à part.

Bravo ! il est beau comme un Dieu ! Ah ! si j'étais à la
place de madame !

LUCINDE

Puisque vous nous quittez à jamais, laissez-moi vous rendre un bijou que vous sembliez apprécier naguère.

(Elle lui tend le médaillon.)

DORANTE

Ce médaillon que je croyais perdu! Ah! quel bonheur. Ah! merci! merci!

LUCINDE, hautaine et outrée.

Vous vous oubliez, monsieur le comte!

DORANTE

C'est vrai... je m'oublie... et j'oublie... j'oublie le vicomte de Vardes... Adieu, madame... adieu pour jamais.

SCÈNE IX

LUCINDE, LISETTE

LUCINDE

Que signifie cela, Lisette? voilà une injure bien mal choisie... Du plus loin que je me souvienne le vicomte de Vardes m'a fait la cour... mais je ne l'ai jamais encouragé...

LISETTE

Eh ! sans doute, la belle affaire ! il n'est point galant de
réveiller ces souvenirs. Cela m'étonne de Monsieur le
comte, et quant à moi, si Lafleur me reprochait le passé...

LUCINDE

Pauvre enfant ! renonce à Lafleur et reste comme moi
vouée au célibat.

LISETTE

Vous, madame, vous avez du moins été mariée une fois...

LUCINDE

Oh ! si peu !

LISETTE

Peu vaut mieux que rien.

LUCINDE

Enfin il faut céder devant l'impossible. Tu n'as pas de
reproches à me faire. J'ai plaidé ta cause avec une cha-
leur,... mais cet homme que tu me dépeignais si doux,
cet agneau, cet ange de bonté selon toi, c'est un tigre
altéré de sang... Oh Dieu ! avec quelle joie il a revu ce
médaillon !

LISETTE, à part,

Aïe ! ceci est grave. Lâchons les grandes batteries
(Haut.) Hélas !... ce médaillon a tout compromis... il a

réveillé cette singulière passion qui commençait à s'assoupir... il a prononcé mon arrêt.

LUCINDE

Ton arrêt? quel rapport y a-t-il entre ce médaillon et ton mariage?

LISETTE

Ne me le demandez pas, madame.

LUCINDE

Quoi? te soupçonnerait-il d'avoir dérobé ce bijou? Mais non... pourquoi chercher d'autre motif à sa haine... il suffit que tu sois à mon service...

LISETTE

Ah! s'il ne faisait que me haïr!

LUCINDE

Tu dis!...

LISETTE

Je dis qu'il me faisait la cour en même temps qu'à madame. Qu'il a pris à Lafleur une mèche de mes cheveux... Lafleur est barbier, comme sait, ou ne sait pas madame la marquise... Monsieur le comte a commis cet attentat... et en a rêvé d'autres! Moi je ne lui ai pas laissé d'espoir... mais on espère alors qu'on désespère... comme dit Bossuet... et la jalousie survit à l'illusion .. quoiqu'un

valet ne ressemble pas à un gentilhomme... ni une soubrette à une marquise... bref Monsieur le comte ne me laissera jamais épouser Lafleur. (A part.) Ouf! c'est laborieux.

LUCINDE

Je t'écoute... et je me demande si je rêve... ainsi tu
oses me dire en face que Dorante, un homme de qualité,
un homme de cœur, un homme de goût, courtise une
fille telle que toi?

LISETTE

Eh! mon Dieu... on a vu des choses plus étonnantes.

LUCINDE

Sais-tu que tu as joué là un vilain jeu et que je te met-
trais à la porte si tu ne m'inspirais plus de pitié que de
colère ?

LISETTE

Et que pouvais-je à cela? devais-je me cacher dans un
cloître? me mettre un masque de poix, brûler mes cils
et mes sourcils comme une vierge chrétienne poursuivie
par un mécréant?... sans compter que je ne suis pas de
roche, que Monsieur le comte est bel homme, et que
madame est la seule à ne pas le trouver charmant.

LUCINDE

Assez! il est clair que tu n'as pu, sans de grandes
avances, attirer un coup d'œil de Valère... car enfin tu
n'es point belle.

LISETTE, à part

Comme l'amour fait extravaguer! (Haut.) Madame la marquise, voilà ce qui arrive aux amantes cruelles : l'époque du mariage était constamment ajournée sous prétexte de je ne sais quelles bienséances. Monsieur le comte cherchait à tuer le temps jusque-là. Je crois pouvoir affirmer que je ne m'y prêtais point. Tout à coup le mariage se rompt : Monsieur le comte pense que mes scrupules s'évanouissent avec votre union, et rêve à se consoler une fois pour toutes. Les hommes, madame la marquise, ne sont pas faits de la même pâte que nous : Ils nous aiment trop! ils nous aiment tant... qu'ils ne peuvent pas se passer de notre amour.

LUCINDE

Vous savez que je ne crois pas un mot de ce que vous me dites?

LISETTE

Madame la marquise me permet-elle d'essayer de la convaincre?

LUCINDE

Faites.

LISETTE, allant agiter le mouchoir bleu dans la direction où est parti Dorante.

Monsieur le comte connaît ce signal; en cinq minutes il sera ici.

11.

LUCINDE

C'est vrai... le voilà...

LISETTE, la poussant derrière un bosquet.

Que madame ait la bonté d'entrer là, et d'écouter notre
conversation.

LUCINDE, à part.

Ah ! quel martyre.

SCÈNE X

LISETTE seule, puis DORANTE et LUCINDE
derrière le feuillage.

LISETTE

Fâché comme il l'est, va-t-il seulement vouloir jouer
son rôle... oui... quand ce ne serait que par colère...
nous verrons bien.

DORANTE

Ah ! Lisette que je te remercie de m'avoir appelé. Ah,
Lisette ! ah, Lisette !

LISETTE, à part.

Il se répète, mais il a du feu.

DORANTE

Embrasse-moi donc, Lisette, embrasse-moi vite.

LISETTE, se reculant.

(Haut.) Monseigneur !... (Bas.) Madame est là...

DORANTE, bas.

Je l'espère bien ! sans cela tu comprends...

LISETTE, à part

Il est poli !

DORANTE, haut.

Lisette... avoue-le, tu ne savais pas encore ce que c'est que d'aimer... tu n'avais jamais vu pareil exemple de l'abaissement auquel la passion peut vous réduire...

LISETTE

Ah mais, dites donc, monseigneur !

DORANTE

Tu n'y connaissais rien, te dis-je... et comment aurais-tu pu le savoir ? Pour inspirer une pareille idolâtrie, il n'y a qu'une femme au monde...

LISETTE

C'est bien à moi que vous parlez, Monseigneur ?

DORANTE

Pardonne-moi... je suis fou... la seule idée de la voir...
(Se reprenant.) de te voir... unie à ce de Vardes...

LISETTE, le reprenant.

A ce Lafleur... oui, oui... mais votre cœur généreux...

DORANTE

Mon cœur est en lambeaux. Quelle froideur ! Quelle
dureté... se peut-il qu'on méprise un tel amour...

LISETTE, minaudant.

Oh !.. de l'amour...

DORANTE

Et du plus ardent, du plus pur, tel qu'on doit l'éprouver pour une femme aussi noble que belle !

LISETTE

Vous me trouvez donc bien jolie ?

DORANTE

Toi ? oui... oui, sans doute.

LISETTE, à part.

Il ne peut pas même avouer une chose qui crève les
yeux.

DORANTE

Ah ! Lisette, c'est fini... je n'aimerai personne après elle...

(Il s'assied la tête dans ses mains.)

LISETTE, le reprenant.

Après moi !... A part. Oh ! mais cela va très mal ! il s'enferre absolument... il faut que je voie ce que madame en pense... il est absorbé dans sa douleur... c'est le moment. Elle écarte les feuillages. Eh bien, Madame ?

LUCINDE, très émue.

Ah ! Lisette... ce trouble... cette maladresse... ce n'est pas possible !... ce n'est pas toi qu'il aime...

LISETTE

Dame... qu'en pensez-vous ?

LUCINDE

Que je meurs de joie si tu m'as trompée.

LISETTE

Ecoutez encore. (Elle laisse retomber le feuillage et va vers Dorante.) Monseigneur, il est temps de vous retirer un rôle où vous vous êtes montré fort piteux. Laissez un libre cours à vos sentiments. Madame n'est plus là ; notre comédie n'a pas réussi.

DORANTE

Ah ! pauvre et misérable comédie. Un reste d'espoir m'a fait céder à ton caprice, un reste de colère m'a fait essayer d'une vengeance... mais la contrainte en est trop rude et le procédé trop indigne... Je l'aime ! je l'aime ! que tous le sachent et le répètent ! que tous me raillent et qu'elle triomphe aux bras d'un autre en voyant le pouvoir de ses charmes, je lui pardonne, je l'approuve, je l'adore !

LISETTE

Ma foi, madame la marquise, si vous résistez à cela, j'abandonne la partie !

LUCINDE, sortant du bosquet.

Non, non, je ne résiste pas. Dorante, je vous aime et vous donne ma main.

DORANTE

Oh ! ciel.

LISETTE

Enfin ! — Je cours le dire à Lafleur.

SCÈNE XI

LUCINDE, DORANTE

DORANTE

Lucinde! est-il possible! vous m'aimez... tant de bonheur après tant de peine!

LUCINDE

J'ai souffert plus que vous, Valère! en une minute j'ai
connu les angoisses de la jalousie. J'ai redouté Lisette...
quelle folie... mais quelle douleur! elle dépassait mille
fois celles de jadis. Craindre une rivale inconnue ce n'est
rien; donner un nom à son malheur, c'est horrible...

DORANTE

Les douleurs du passé... vous avez été jalouse?

LUCINDE

N'en parlons plus... brisez ce médaillon et oubliez
celle qu'il vous rappelait.

DORANTE, souriant.

Oh! oh! quel raffinement! rivale de soi-même! la femme
jalouse de l'enfant!

LUCINDE

Comment... ces cheveux blonds...

DORANTE

Viennent de l'âge où vous étiez blonde... je vous
aimais déjà sans m'en douter, et je dérobai cette boucle
au ciseau qui les trancha toutes le jour où l'on vous mit
au couvent.

LUCINDE.

Ah! Dieu, quelle joie... mais c'est incroyable! voilà
pourtant tout le secret de mes rigueurs...

DORANTE

Comment... vous n'aimiez pas le vicomte de Vardes ?

LUCINDE

Voilà deux fois que vous prononcez ce nom... Expli-
quez-vous!

DORANTE

Je ne me suis éloigné qu'à cause de lui. Vous lui aviez
donné cette rose.

LUCINDE

Donné!... Dites que je l'ai perdue à la promenade.

DORANTE, avec joie.

Et ce faquin l'a ramassée ?

LUCINDE

C'est vraisemblable, il rôdait toujours sur mes pas.

DORANTE

Ah! quel poids vous m'ôtez là.

SCÈNE XII

LES MÊMES, LISETTE

LISETTE

Monsieur le comte et Madame la marquise ne sont pas désaccommodés?

LUCINDE

Eh! Lisette, ma pauvre fille, viens donc! tout est expliqué!... C'étaient mes cheveux... et le vicomte avait ramassé la rose! c'est clair comme le jour.

LISETTE

Oui... pour ceux qui ont un bandeau.

LUCINDE

Et toi qui te donnais tant de peine pour nous joindre... nous avons bien su faire nos affaires tout seuls !

LISETTE

Tout seuls ! Ah ! ça c'est fort.

DORANTE

Ne soyons pas ingrats, ma Lucinde... cette petite a
tout conduit et nous lui devons beaucoup.

LISETTE, à part.

Celui-là... c'est un bijou !

LUCINDE

Dites-donc, comte... des maîtres mariés par des valets...
cela flaire la Révolution.

DORANTE

Oh ! *des* valets... ce pluriel est complaisant. Je crois
que le pauvre Lafleur...

LUCINDE, à Lisette.

Au fait, va donc le chercher, qu'on lui dise un mot.

LISETTE

Il est là, dans le pavillon. Il attend mes ordres.

DORANTE

Je vois qu'il t'obéit mieux qu'à moi. Dorénavant tu nous
serviras d'intermédiaire. Me permets-tu de requérir ton
aide ?

LISETTE, rougissant.

Je suis votre servante, monsieur le comte. Elle va au pavillon.) Ici, Lafleur... montre-toi.

(Lafleur parait, gauche et honteux.)

LUCINDE

Vous épousez une jolie fille, monsieur Lafleur. Voici de quoi lui acheter des rubans.

(Elle lui donne une bourse. Lafleur ouvre la bouche. Lisette lui coupe la parole.

LISETTE

Je remercierai pour deux. Va-t'en. On t'a assez vu (Elle lui prend la bourse, il sort. — Elle compte les louis. Y en a-t-il ! encore ! encore ! Comme ils sont reconnaissants ! Ah ! maintenant madame ne pourra plus se passer de moi.

(Lucinde et Dorante causent très tendrement. Lucinde embarrassée se tourne vers Lisette.)

LUCINDE

Lisette... laisse-nous mon enfant.

LISETTE, très digne.

C'est bien ! (Au public.) Le public appréciera.

RÉGINE

PERSONNAGES.

JULIAN.

RÉGINE.

FIORETTA.

PIETRO.

ARLEQUIN.

POLICHINELLE.

1er DOMINO.

2e DOMINO.

3e DOMINO.

UN MENDIANT.

1er MASQUE.

2e MASQUE.

3e MASQUE.

RÉGINE

FANTAISIE EN DEUX PARTIES

PREMIÈRE PARTIE

La terrasse d'un palazzo à Rome. On voit des fenêtres brillamment éclairées, des invités passent de l'une à l'autre en traversant la terrasse. En bas, le jardin. Des rosiers grimpants montent du jardin jusqu'à la terrasse.

SCÈNE PREMIÈRE

DES MASQUES, puis JULIAN

UN POLICHINELLE, appelant les masques.

Par ici, les dominos ! qu'on m'intrigue ! qu'on me berne ! qu'on me tracasse ! qu'on m'asticote ! Je paie les confetti pour l'année prochaine.

UN DOMINO

Tais toi, tu es gris !

POLICHINELLE

Pas tant que tes cheveux, mon ange !

LE DOMINO

Insolent !

POLICHINELLE

Le masque est un ami, mais gare au poil qui passe !
Tiens... J'ai fait un vers. — Oh ! deux amoureux.

(Deux dominos passent enlacés.)

UN DOMINO, à un autre.

Viens à mon bras, n'aie pas peur ! respirons l'haleine
embaumée que nous apporte le vent du soir...

POLICHINELLE

Il a raison : ça sent le macaroni... Ah ! voici confrère
Arlequin ! Arlequin. Bonjour.

ARLEQUIN

Bonjour, Polichinelle... viens-tu voir brûler le carnaval ?

POLICHINELLE

Non, j'ai trop de cœur pour aller voir brûler un ami.

ARLEQUIN

Un ami ! ce morose et monotone compagnon... mais si
on ne le mettait à mort nous aurions tous les soirs un
bal masqué comme celui-ci... Pulcinello, mon confrère,
il ne faut abuser de rien !

POLICHINELLE

Hormis de vivre.

ARLEQUIN

Pourvu qu'on boive tout le jour et qu'on joue toute la nuit.

UN DOMINO

Et l'amour ?

ARLEQUIN

Oh ! l'amour ! ! !

LE DOMINO

Bien dégoûté.

POLICHINELLE

Vois-tu, ma chère, nous regrettons notre robe d'innocence.

LE DOMINO

C'est poli !

UN MENDIANT, sous le balcon.

La charité, s'il vous plaît !

ARLEQUIN

Oh ! que c'est déplacé de gémir comme ça.

12

POLICHINELLE

Il y a des gens qui ne s'amusent nulle part... Tiens
Julian costumé en Platon. Holà ! vous qui tenez école
qu'est-ce qu'on apprend chez vous ? A tacher ses ongles ?
A les mordre ? A partager sa propre opinion ? A se croire
un prodige ou à se donner pour tel ?

JULIAN

A se taire.

POLICHINELLE

Alors je m'incline. Vous méritez une statue. Tiens,
Arlequin, veux-tu te poser une fois pour toutes ? De-
mande-lui ce qui l'amène ici. Il ne te répondra pas, mais
tu pourras te vanter d'avoir interrogé le premier philosophe des temps modernes. C'est gentil pour un arlequin.

ARLEQUIN

Eh bien, Platon, que viens-tu fairé dans ces lieux où
l'on carnavale ?

JULIAN

Ajouter un verbe à notre langue.

ARLEQUIN

Tu veux celui-ci ? Je te l'offre pour rien.

POLICHINELLE

Gageons que tu viens voir si l'on t'aimera pour toi-même !

ARLEQUIN

A son âge !

POLICHINELLE

Combien lui donnes-tu ?

ARLEQUIN

Cent trois ans.

POLICHINELLE

C'est trop de trente-deux.

ARLEQUIN

Juste le compte des dents qui lui manquent.

POLICHINELLE

Tais-toi... La Pernoli vient de ce côté.

ARLEQUIN

Comment ? la fameuse cantatrice ?

JULIAN, à part.

Régine ! enfin !
(Il se dissimule dans l'ombre.)

POLICHINELLE

Eh oui, la diva intermittente, le rossignol fantasque, le bourreau des cœurs et le charme des yeux ! Vêtue de blanc... virginal ! elle en a vu, pourtant, la Pernoli !

ARLEQUIN

Qui sait ?... L'on dit qu'elle n'a jamais pris de maître.

POLICHINELLE

C'est vrai. Jamais deux fois de suite.

ARLEQUIN

N'est-elle pas la fille de Séraphin, ce boîteux qui mendiait sur les routes.

POLICHINELLE

On la dit aussi fille de roi... Chi lo sa ? elle a débuté à vingt ans : c'est de ce jour que tout Rome s'est occupé d'elle.

JULIAN

Messieurs, moi, docteur en médecine, philosophie, théologie et cœtera, je vous avertis que la vapeur des marais Pontins monte et devient pernicieuse à l'heure où nous sommes.

ARLEQUIN

Diable ! filons alors !

POLICHINELLE

Preste !... J'entends les violons... rentrons au bal, enlevons toutes les femmes, défonçons tous les tonneaux, éteignons tous les lustres et scandalisons toutes les duègnes.

SCÈNE II

RÉGINE, qui a écouté en souriant.

Comme ils ont vite quitté la place ! Comme ils craignent qu'un souffle mortel ne vienne les atteindre... Vanité de nos charmes ! Si moi, l'adorée, la fêtée, l'enviée des autres femmes, je venais leur dire : Demeurez... vous respirerez du poison ; mais quelques instants auprès de la Pernoli valent bien qu'on risque les fièvres... pas un d'eux ne resterait là...

JULIAN

Moi, je suis resté, Régine.

RÉGINE

Toi vieillard... ce n'est pas pour m'aimer cependant ?

JULIAN

Non... Depuis le jour où je te vis, à l'hospice des enfants sans père, toute belle dans la fraîcheur de tes quinze ans, jetant aux échos ta voix céleste, je ne t'ai

jamais demandé d'amour. Je te voyais plus haut que
mes désirs éphémères, et j'étudiais en toi la nature humaine dans son incarnation la plus touchante. Je t'ai vu
commencer la vie par une grande douleur. Pour t'en
délivrer je ne trouvai que la gloire ; je t'aidai à en gra-
vir le premier échelon... mais je compris bientôt que ton
âme n'était pas de celles que l'encens rassasie. Quand
chacun t'enviait, je te plaignais et je priais pour toi.....
Un jour tu quittas tout, tu pris la fuite, et pendant des
années je cherchai vainement ta trace. Enfin la renommée m'apprit ton séjour à Rome. J'y suis accouru, je t'ai
vue entrer dans ce palais, et je t'y ai suivie pour t'apporter, s'il en est temps encore, le secours de la sagesse
éternelle.

RÉGINE

C'est donc lui !... C'est bien lui... Ah ! pardonne-moi
d'avoir mis si longtemps à te reconnaître, de m'être
raidie contre l'élan qui m'entraînait... je suis défiante
aux sourires de la destinée !... mon ami, mon sage...
laissez-moi voir sa chère figure. Elle est changée...
mais bien moins que mon cœur... Ah ! philosophe... ta
science est bien vaine, tu m'as reconnue au visage, mais
tu n'a pas lu dans mon âme, ou tu ne croirais pas avoir
devant toi la Régine des années perdues.

JULIAN

Qui sait... peut-être ai-je prévu jadis ton âme d'aujourd'hui... Mais viens là-bas à l'ombre de ces roses
grimpantes, éloignons-nous de la foule et du bruit. Tu
fuyais donc le bal, Régine, toi que j'ai vu danser naguère
comme une folle avoine au souffle des brises.

RÉGINE

Danser, rire, à quoi bon ? Cela ne vaut pas la fatigue de soulever sa couronne pour en orner ses cheveux. Qu'est-ce qui vaut la peine de quelque chose ?

JULIAN, lui montrant le pauvre sous le balcon.

Regardez donc ce vieillard qui se morfond sous la lune dans l'espoir d'un morceau de pain...

RÉGINE, lui jetant sa bourse.

Le voilà satisfait ! Un peu d'or l'a mis pour toujours à l'abri du besoin. Je lui ai ôté l'intérêt de vivre. Vous autres, les grands cœurs, vous appelez cela une bonne action.

JULIAN

Vous souffrez, Régine ?

RÉGINE

Appelle-t-on cela souffrir ? Pas même ! Le mot serait plus haut que la chose. Ce que j'éprouve est si petit, au contraire, que j'en rougirais si l'obscurité ne rassurait ma honte... Mais on vient, taisons-nous.

UN MASQUE, à l'oreille de Régine.

Régina... Tu n'as pas chanté ce soir. La Fausta nous a régalés de ses roulades au zest d'orange, et la Pernoli n'a pas roucoulé... prends garde... on dira que ta voix s'altère et que ton silence est prudence.

UN AUTRE

Tu ne viens plus qu'aux bals masqués, Régina ! Nous te
pleurons au Corso comme à la Piazza, dans nos soupers
comme dans nos régates... Prends garde ! On pensera que
ton sourire a pris des rides.

UN AUTRE

Aime-nous, Régina !... Aime-nous ! Voilà bien longtemps, belle avare, que tu n'as partagé le trésor de tes
charmes... Prends garde ! le temps approche où l'on ne
ne te demandera plus ce que tu nous refuses !

(Ils s'éloignent.)

RÉGINE

Ah ! qu'ils m'ont fait de mal... tenez... avez-vous
compris, maintenant ? Je vais cesser d'être jeune, et
j'en meurs... il y de quoi rire tout un jour... et cependant
c'est triste à pleurer.

JULIAN

Oui, Régine, c'est horriblement triste... peut-être
vaudrait-il mieux aller au-devant de la sentence ! mourir tout à coup, avec votre beauté, votre talent, votre
jeunesse tout entière ! L'osez-vous ?

RÉGINE

Non.

JULIAN

Malheureuse femme.

RÉGINE

Non... Je ne veux pas mourir sans avoir vécu. Il y a ici-bas un breuvage que je ne connais pas et qui contient peut-être le salut. Je l'attends, je l'espère encore. Ah ! mon ami. Vingt ans d'une ardeur inquiète à la poursuite de tous les biens d'ici-bas... les posséder, goûter leur saveur, les mépriser l'un après l'autre,.. et quitter le festin sans avoir trouvé la coupe d'or ! Vous parlez de mourir, — l'heure en est passée. Vous le savez, je l'ai voulu naguère. C'est à peine si je me souviens du pourquoi... probablement quelqu'un m'avait trahie, et j'ai cru qu'un tel forfait devait renverser les lois éternelles. La mort aurait eu là une belle proie, bien désireuse de son baiser. Soit pitié, soit dédain, elle m'a fermé sa porte. — Vous m'avez alors poussée vers le théâtre. L'éclat de mes débuts effaça tout le passé ; plus tard, me souvenant de ma première douleur, je voulus voir si j'avais été folle, ou si vraiment c'était cela l'amour. Je me fis aimer par deux ou trois âmes neuves et je vis en elles la reproduction exacte de ce qui s'était passé dans la mienne... Bientôt, ce jeu m'ennuya. Je me donnai toute à mon art. J'ai goûté alors de grandes joies. Un instant il m'a semblé que j'étais déesse et que les bras qui, après avoir dételé mes chevaux, me portaient au travers des villes m'enlevaient jusqu'à l'empyrée. Puis, je me lassai de ces bruyants succès, je compris que, dans ce public à qui je jetais tout mon être en pâture, nul ne voyait les morceaux de mon cœur à travers le cristal de ma voix. Brusquement je quittai le théâtre et le monde. Je vous quittai, Julian... pardonnez-moi, car je ne me pardonnerai pas.

JULIAN

Pauvre enfant! Qu'avez-vous fait loin de votre ami ?

RÉGINE

Je me suis perdue dans la campagne comptant les cail-
loux du chemin et les étoiles du firmament... puis j'ai
tenté follement la fortune ; j'ai tout perdu, puis tout
regagné. J'ai desséché des marais, j'ai fondé des couvents.
Mes doigts ont secoué la poudre des manuscrits. Mes
lèvres ont usé les reliques des temples ; je me suis assise
devant une horloge à regarder marcher les aiguilles... et
puis je suis retournée parmi les hommes. Je me suis
refait ma place au soleil de la popularité, mais il n'a pas
plus réchauffé mon cœur que le rayon des vitraux gothi-
ques n'avait éclairé mon âme.

JULIAN

Vous ne priez pas ?

RÉGINE

Parfois mon âme se dilate comme une fleur qui cherche le soleil. Une part de moi-même m'échappe, et s'en
va vers des régions infinies... mais les missels ne me
disent point leurs mystères et ma bouche a désappris les
formules de mon enfance. L'art fut un dieu pour moi...
j'ai trop délaissé son autel... et d'ailleurs il ne veut que
de jeunes prêtresses. Bientôt je ne verrai plus les regards
s'éclairer sur mon passage ; je n'aurai plus de plaisir à
me sourire au miroir ; la première contadina qui s'en ira
nu-pieds vers la fontaine, dans la fraîcheur savoureuse

de ses quinze ans, aura plus de prix aux yeux de tous que
celle qui fut la Pernoli. Je ne ferai plus battre les cœurs...
le mien lui-même ne battra plus... Julian, que me res-
tera-t-il?

JULIAN

Voilà donc la vie qui vous est faite, pauvres femmes!
chanter, plaire, éblouir un moment les yeux et les âmes,
vivre vous-mêmes du plaisir que vous donnez, de l'amour
qu'on vous porte... puis, voir la nuit qui vient vous
enterrer vivantes. Sentir que tout vous échappe et que
vous allez faire seule le chemin qui mène à l'abîme... et
pourtant... Dieu vous a fait une grâce qui compense, et
au delà, tous vos maux!... Régine, il te doit ce bonheur,
tu en es digne, puisque les joies de ta jeunesse n'ont pas
comblé le vide de ton âme... Va, ma fille, espère! c'est
parfois à l'heure où tout chancelle que le trésor cherché
nous apparaît... peut-être que le moment du bonheur est
proche et que la nuée va s'ouvrir!

SCÈNE III

LES MÊMES, FIORETTA

Une petite gitana en costume de magicienne monte en courant le
perron et jette des bouquets au visage de Régine.

FIORETTA

Carnaval!

RÉGINE

Une magicienne!

FIORETTA

Que sa baguette n'a pu enrichir et qui met sa confiance
en une fée.

(Elle tend la main.)

RÉGINE

Votre bourse, Julian. — Prends, et mets à ton poignet
cette bague, qui coulerait de tes petits doigts.

FIORETTA

Grand merci l'un, grand merci l'autre! Que Notre-Dame
des blés vous ait en sa garde.

RÉGINE, examinant Fioretta.

Voyez, la pauvrette! ce que je prenais pour une bro-
derie, c'étaient des trous sur sa peau blanche. La vétusté
a taillé sur sa basquine ces franges à l'aspect diaboli-
que. De loin son costume était gai, de près ce n'est plus
qu'oripeaux.

JULIAN

Comme le bonheur des autres..

RÉGINE

Entends-tu ce jovial compagnon? lui et moi nous ne
pétrissons pas des pétales de roses. Et toi, petite? tu ne
sembles pas non plus comblée par les faveurs du sort?

FIORETTA

Oh! que si fait!

RÉGINE

Tu es orgueilleuse, mignonne, et ta bravade croit nous tromper.

FIORETTA

Ne le pensez pas... Je ne suis qu'ignorante et pauvre, mais depuis longtemps, depuis toujours. Je n'ai pas connu vos plaisirs, comment voulez-vous que je les regrette? Me voilà, ce soir, parmi les heureux... Je touche votre robe de satin et je fleure l'odeur des mets qui s'apprêtent... mais sais-je si votre robe n'est point lourde et si les mets seront succulents?

RÉGINE

Alors! ton bonheur est négatif, tu ignores les biens comme les maux.

FIORETTA

Non pas... Ecoutez un peu, que je vous raconte ma journée! Ce matin j'ai rouvert les yeux au premier rayon du soleil qui m'a caressé le visage. Sur le buisson où j'avais étendu ma robe, les aubépines étaient écloses et l'avaient toute parfumée. Une voisine m'a donné du lait dans un bol à fleurs et m'a laissé boire jusqu'à la dernière goutte. J'ai chanté devant la préfecture et les enfants, accourus aux fenêtres, m'ont fait savoir que mes chan-

13

sons les avaient ravis en extase... Mon agneau m'a léché
la main et ma colombe m'a becqueté les cheveux... Piétro
m'a conduite à la bataille des fleurs et m'a donné l'un des
rubans détaché du char de l'Aurore. J'ai fait pour lui des
nouilles fines dont il s'est régalé avec moi; puis j'ai
trouvé sous un platane de belle terre glaise pour son
Saint-Jean. Enfin je suis venue ici, où je vous ai rencon-
trés tous les deux. Voilà ma journée, qu'en dites-vous,
signora?... Et ne croyez pas que ce soit un hasard: presque tous mes jours ont des joies pareilles.

JULIAN

Fille joyeuse, fille amoureuse. Voici un Piétro dont le
nom revient bien souvent.

RÉGINE

Eh sans doute... Ne pensiez-vous pas tout de suite que
son bonheur venait de là ?

FIORETTA

Je ne m'en dédis point, signor mio. Mon amour m'est
précieux quoique j'y fasse toute la dépense. Je parle
cette langue sans l'avoir entendue. Je ne connais pas sa
musique à l'oreille : c'est peut-être moins doux qu'à la
bouche.

RÉGINE

Tu n'as pas de honte d'aimer sans qu'on t'aime?

FIORETTA

Piétro rougit-il d'être aimé sans aimer?

RÉGINE

Et qui est Piétro ?

FIORETTA

C'est mon frère de lait. Nous errons depuis notre enfance, sans nous être jamais séparés. Il vend des statuettes, je prédis l'avenir... à votre service, madame.

RÉGINE

Tout à l'heure. Dis-moi ton nom d'abord.

FIORETTA

Fioretta.

RÉGINE

Humble et frais comme toi. Ainsi celui que tu chéris ne t'aime pas et tu peux rire ?

FIORETTA

Bah ! je suis assez riche pour deux. D'ailleurs sans s'en douter il a besoin de moi. Quelque jour il m'épousera sans doute. Eh bien, si je ressens plus d'amour que lui, ne serais-je pas la mieux partagée ?

RÉGINE

Mais s'il aimait une autre femme ?

FIORETTA

Alors je mourrais, sans bruit, sans tristesse, devenue inutile à lui et par conséquent à moi-même.

RÉGINE

Et ton savoir enfantin t'a-t-il promis ta destinée?

FIORETTA

Non... Je n'ai rien su voir pour Piétro ni pour moi.

RÉGINE

Voyons si je t'inspirerai mieux. Que veux-tu? la main ou les cartes?

FIORETTA

Les yeux... Je lis dans les regards comme le savant lit dans les astres.

RÉGINE

Eh bien?

FIORETTA, plonge dans ses yeux et recule tremblante.

Ah... j'ai peur! j'ai vu la mort.

RÉGINE

La mort? pour moi? dis-le! Je t'assure qu'elle me fait envie... dis-le, et je te donne la chaîne qui tourne trois fois à mon cou... Allons, courage! regarde encore!

FIORETTA

La mort... pour vous... avant que l'année ne s'écoule...
si vous ne comblez d'amour le premier homme que vous
rencontrerez quand minuit sonnera... tout à l'heure !

RÉGINE

Il m'aimera donc ?

FIORETTA, baissant les yeux.

Les yeux que j'ai vus donnent l'amour.

RÉGINE, d'abord rêveuse, puis enjouée.

Cela ou la mort ? bah ! rien n'empêche de mourir après,
si l'on y tient... c'est à voir. Allons, dans un quart d'heure
paraîtra mon dernier amant. Petite, tu trembles. Va
retrouver Piétro, voici ma chaîne.

FIORETTA

Merci, madame.
(Elle découvre un peu son cou en la mettant.)

JULIAN, à voix basse.

Tu as là une singulière cicatrice...

FIORETTA

Je suis tombée sur les pointes d'une grille, un jour
que ma nourrice me portait à l'église de Vérone.

JULIAN

Comment le sais-tu?

FIORETTA

Par le brave homme qui nous a recueillis et qui nous a servi de père pendant quelques années.

JULIAN

Son nom... afin que je prie pour ce juste.

FIORETTA

Matteo Ferrandi, colporteur.

JULIAN

Dieu !

FIORETTA

Adieu, signor, Piétro m'attend.

JULIAN

Reviens tout à l'heure, tu feras encore une bonne récolte.

FIORETTA

Alors. . au revoir.

SCÈNE IV

LES MÊMES

RÉGINE, souriant.

Elle est plus frappée que moi-même... folie! Quelle
naïveté, dans ces têtes de seize ans! Elle a seize ans, mon
ami .. voilà tout le secret de sa gaieté; elle m'emplissait
l'âme d'une douce tristesse à laquelle il ne se mêlait
aucun sentiment d'amertume. Je l'enviais... mais sans
lui en vouloir... Allons, emmenez-moi; je suis lasse. Ces
vapeurs mauvaises m'ont toute enfiévrée.

JULIAN

Un moment encore. J'ai à vous parler, Régine... tout
à l'heure, nous avons remonté le cours de votre vie, mais
nous avons laissé dans l'ombre une chose capitale:
Régine, avez-vous donc oublié votre enfant?

RÉGINE

Pourquoi réveiller ce regret? laissez-moi oublier que
j'avais un ange, puisque Dieu qui me l'avait donné me
l'a repris dans sa colère.

JULIAN

Dieu vous l'a laissé, ce sont les hommes qui vous l'ont
repris... Régine, il est temps de vous l'apprendre. Votre
fille est vivante.

RÉGINE, bondissant.

Vivante ! qui l'ose dire ?

JULIAN

Moi, qui, sur vos prières la portai le jour de sa naissance, chez la Fédora, près de Vérone. Moi, qui fus
instruit le premier, quand cette misérable délaissa à la
fois l'enfant de sa chair et le dépôt confié pour suivre
un amant de ville en ville et mourir dans un coin à force
de mauvais traitements.

RÉGINE

Oui... mais vous m'avez dit alors que ma fille était
morte victime de cet abandon.

JULIAN

Je vous trompais à demi... Elle était disparue. Un
colporteur avait recueilli les deux enfants et les avait
emmenés dans sa vie errante. On ne savait pas même sa
première étape. Jugeant tout espoir perdu, je vous ai
épargné la douleur folle de quinze années d'incertitude.

RÉGINE

Elle vivait ! et vous ne me le disiez pas ! et je vous
quittais sans vous dire en quel lieu vous pourriez me
rejoindre... Ah ! si j'avais su cela je n'aurais pas au hasard porté ma course stérile. J'aurais couru le monde à
sa poursuite, un jour j'aurais frôlé sa robe, et mon cœur
eût bondi dans ma poitrine pour me révéler mon enfant !

JULIAN

Moi, du moins je ne m'y serais pas trompé... car à une blessure qu'elle se fit en nourrice j'étais sûr de la reconnaître entre mille.

RÉGINE

Ah ! vous avez des indices ! vous m'avez dit une chose immense... vous m'en direz plus encore... mais au nom du ciel, hâtez-vous, ou je vais mourir avant d'être heureuse.

JULIAN

Eh bien, cette enfant qui sort d'ici, quand elle reviendra, serrez-la sur votre poitrine... c'est elle !

RÉGINE

Elle, Fioretta... elle ! Ah ! mon Dieu ! il me trompe. (Elle fond en larmes, puis avec impétuosité.) Non... non ! ne l'avouez pas tout de suite ! laissez-moi croire encore un peu que c'est vrai.

JULIAN

Sur l'âme de ma mère, c'est vrai.

RÉGINE, après un moment d'extase.

Ainsi, elle était là ! j'avais ses yeux dans mes yeux, son souffle dans mon souffle... c'était mon sang, ma chair, mon être, qui se tenait là devant moi ! ça a vécu, ça a aimé, c'est devenu femme cette petite forme toute fragile

13.

qui m'a coûté tant de cris... puis tant de larmes ! Comment ai-je pu créer cette jolie fleur amoureuse de vivre ! Ah ! mais moi aussi j'aime la vie ! quel bonheur de ne pas être morte avant cela ! J'ai une belle santé, Dieu merci ; j'en ai encore pour des dizaines d'années, n'est-ce pas, Julian ? Je peux vivre assez pour lui voir ses premiers cheveux gris... Qu'est-ce qu'elle a donc lu dans mes yeux ?... Que je mourrais bientôt... Ah ! mon Dieu !... mais elle a bien trouvé un moyen de conjurer le sort ?... Oui... je me rappelle... Je dois aimer un homme qui va paraître tout à l'heure... Ah ! mais il ne faut pas négliger cela ! Après tout, ces magiciennes, leur science est plus grande qu'on ne croit... et quand c'est une fille qui avertit sa mère ! Oui, oui... Je vais aimer, moi, toujours, toujours... Ah ! Julian, c'est le bonheur !

JULIAN

Vous l'avez dit ; c'est le bonheur !... A genoux donc, Régine, et bénissons celui qui le donne.

RÉGINE, avec élan.

Ah ! oui !

(Ils s'inclinent un moment, minuit sonne.)

Minuit !

(Quelqu'un passe sous le balcon et son ombre se profile sur le mur. Elle se penche et regarde.)

C'est un jeune homme !... celui qu'elle m'avait prédit !...

(Elle retire son bouquet du corsage.)

JULIAN

Que faites-vous ?

RÉGINE

Ah ! laissez. Je veux vivre !

(Elle jette son bouquet et s'accoude au balcon avec un sourire
enchanteur.)

SCÈNE V

LES MÊMES, FIORITA. Elle arrive en courant.

FIORETTA

Madame ! pas lui ! c'est Piétro !

RÉGINE, terrifiée.

Ah !

(Elle s'arrache du balcon.)

FIORETTA, se penche et voit Piétro qui envoie un baiser.

Trop tard ! Il vous a vue !

RÉGINE

Ah ! pardon ! pardon ! je vais le fuir au bout du
monde...

FIORETTA

Trop tard ! Adieu. madame.

———————

SECONDE PARTIE

Une chambre d'hôtel à Florence.

SCÈNE PREMIÈRE

JULIAN, RÉGINE

RÉGINE

Eh bien, Julian, est-ce fini d'errer ? Ce jeune homme a-t-il cessé de me poursuivre ?

JULIAN

Non, Régine, il faut repartir. Piétro a retrouvé vos traces... il est ici avec Fioretta.

RÉGINE

Mon Dieu ! par un regard j'aurais brisé le cœur de ma fille... ce n'est pas possible ! Il faut fuir encore, toujours fuir, jusqu'à ce que l'âge me défigure. Puisse-t-il venir vite et triompher de cet éclat maudit qui s'attache à mon front ! Je paierais bien cher quelques rides... Julian, quel est ce Dieu qui me fait aimer la neige, moi qui fus prêtresse du soleil ? C'est le Dieu qui donne aux oiseaux l'instinct des nids, et aux femmes le bondissement des entrailles ; c'est le Dieu qui gonfle nos mamelles et fait un berceau de nos bras.

JULIAN

Il faut absolument fuir cet homme.

RÉGINE

Ah ! Julian... mais elle le suit... en m'éloignant de lui, je m'éloigne d'elle... elle que je n'ai pas encore appelée ma fille !

JULIAN

Pourquoi persister dans votre silence?

RÉGINE

M'avouer sa mère pendant que je suis sa rivale ! mais je n'en recueillerais qu'un amour mêlé de haine.. et puis de quoi me parer, moi, courtisane, devant cette vierge ? Laissez-moi m'orner d'un sacrifice pour mériter son baiser. J'écarte, je le confesse, le moment où elle saura tout. Va-t-elle pas me juger durement moi qui n'ai pas veillé sur son berceau? Ne se dira-t-elle pas qu'une mère doit démêler l'erreur et demander son enfant au monde entier quand le monde entier lui crierait qu'il est mort ? Bientôt la grandeur de mon offrande effacera à ses yeux toutes mes fautes. En lui rendant Piétro j'abandonnerai la vie que ma fille retrouvée me rendait chère... et même alors, voyez-vous, Julian, il me faudra ne rien lui dire. Sa joie d'épousée en serait ternie. Sa mère lui coûterait des sanglots : l'étrangère n'aura qu'une larme...

JULIAN

Vous voulez donc mourir, Régine ? mourir quand commence pour vous la vraie vie, celle pour laquelle Dieu vous créa ?

RÉGINE

Non, je ne le veux point. mais je sais qu'il le faut. — Ma fille me l'a prédit. Le destin veut mes jours en échange du trésor qu'il m'a rendu... On pensera que les fièvres du marécage m'ont saisie en carnaval... mais vous saurez bien, vous, que j'obéis à des lois mystérieuses... et sages; car ce Piétro ne m'oubliera que s'il me voit entre les bras du trépas, sombre amant qui ne cède jamais ses conquêtes et change en respect les plus sauvages tendresses.

JULIAN

Et c'est alors qu'il reviendra à son amie... pauvre enfant ! elle méritait mieux. Elle a seize ans, elle est pure, elle est belle, elle n'a jamais aimé qu'un seul homme au monde, et voilà que cet homme s'éprend d'une inconnue. Voilà qu'elle est condamnée à recevoir un jour, comme une faveur céleste, les miettes de ce cœur consumé... lui suffiront-elles au moins ?

RÉGINE

Oui ; car il est digne d'elle. Aussi beau... je l'ai vu, ce fatal soir d'avril, à travers l'indécision du clair de lune. Aussi pur... témoin sa passion pour une ombre errante, une vision entrevue. Génial, car ses statuettes

décèlent une main habile, une âme inspirée. Il est
tendre, il est fier... cela se voit dans chacune des lettres
qu'il m'écrit, et que la flamme de ma lampe consume
avec peine, tant sont inondées de mes pleurs ces pages
où l'époux de ma fille répand devant moi sa belle âme.

JULIAN

Prenez garde, Régine, et surtout ne le voyez jamais.

RÉGINE

Ah ! mon ami, qu'osez-vous penser ? non, non, je n'ai
pas cette honte... ou cette gloire, de sacrifier à ma fille
un amour insensé. Non... Je le jure devant Dieu qui
m'a rendu mon enfant, pas une fibre endormie ne s'est
réveillée sous la main de cet adolescent. Ne vous ai-je
pas dit que je voulais devenir vieille?... pour une femme,
c'est tout dire. N'ai-je pas caché mes cheveux sous un
voile ? N'ai-je pas revêtu cette robe de laine et renoncé
même aux parfums que je croyais nécessaires à ma vie,
de peur qu'il me rencontrât quelque jour dans toute la
grâce de mes parures... et quand je parle de peur, je
dis mal, car je n'ai peur ni de lui ni de moi. Vous l'avez-
vu, dans ma confiance, j'hésitais à repartir ; mais
vos conseils sont ma loi ; allez donc, si vous le voulez,
préparer notre voyage ; emmenez-moi assez loin pour
que Piétro ne puisse me rejoindre... pas assez pour que
je n'entende plus parler de ma fille !

JULIAN

La voici ! Je vous laisse avec elle.

SCÈNE II

REGINE, FIORETTA

FIORETTA

Madame, Piétro meurt d'amour... il faut l'aimer.

RÉGINE

L'aimer ! Et toi ?

FIORETTA

Moi, je l'aimerai toujours. Il le sait bien, mais à quoi bon ? c'est de vous seule qu'il a besoin. Madame, vous ne pouvez pas être méchante ! vous ne pouvez pas charger votre conscience du péché d'avoir brisé cet enfant !

RÉGINE

Mais je ne l'aime pas, mon pauvre ange !

FIORETTA

Oh ! madame, ce n'est pas possible ! Peut-être l'avez-vous mal vu dans ce court regard que vous lui avez jeté à Rome ! Consentez à le revoir : il est pâli par son amour, mais cela le rend plus beau qu'autrefois ! Avez-vous vu ses statuettes ? C'est lui qui compose tout cela. Oh ! c'est un grand artiste, voyez-vous ! Il a sculpté vos traits de mémoire et n'a plus travaillé depuis. Il s'est

meurtri les pieds à courir sur vos traces. Il a subi l'air
glacé des nuits pour voir une lumière à vos fenêtres...
Voyons, madame, un peu de pitié... Ayez-en au moins
pour vous-même ! Je vous jure que ma science n'est
point menteuse. J'ai fait deux fois encore le même rêve :
Si vous n'aimez Piétro, vous êtes morte ! Ah ! vous fris-
sonnez ! j'ai vaincu !

RÉGINE

Mais si j'aime, toi, tu mourras !

FIORETTA

Je ne crains pas la mort. C'est un sommeil aux divins
songes que je dormirai paisiblement. Je ne laisse personne ici-bas. Lui heureux, plus rien ne m'importe ! qui
donc pleurerait après moi ?

RÉGINE

Je t'ai vue si joyeuse à cette fête où tes yeux ont lu
dans mes yeux.

FIORETTA

C'est vrai... oh ! mon Dieu, c'est bien vrai pourtant que
j'ai été heureuse, quoiqu'il semble qu'un siècle ait passé
sur ce bonheur. Mais depuis qu'il en aime une autre ; je
ne tiens plus aux joies d'ici-bas. Je ne sais pas comment
cela s'est fait. Tout ce que je voyais si lumineux a pris
à mes regards la même teinte grise. Vous voyez que ce
n'est plus la peine de rester sur la terre.

RÉGINE

Je te le rendrai, mon enfant bénie, ce bonheur auquel tu renonces. Je fuirai de ville en ville, j'entrerai au cloître, je masquerai mon visage. Je couvrirai de fange ce front qu'il croit digne de lui...

FIORETTA

Il vous aimera toujours... ou bien il s'éteindra dans le regret d'avoir aimé. D'ailleurs ne sais-je pas quel sort vous attend si vous repoussez mon ami ? Allez, madame, accomplissez votre destin. Je n'ai pas le droit de vous demander de mourir.

RÉGINE

Le droit ? si, tu l'as ! crois-moi, mon enfant, tu l'as mille fois, je te le dis !

FIORETTA

J'ai reçu de vous cette bague et cette chaîne d'or. A ma prière vous avez détourné de lui vos beaux yeux. C'est peu, sans doute ; et cependant c'est assez pour que votre vie me soit chère.

RÉGINE, à part.

Oh ! mon Dieu ! scelle à jamais mon secret sur ma bouche, pour qu'elle accepte l'offrande que je lui fais !

FIORETTA

Hâtez-vous de m'exaucer, madame, chaque moment

avance ses jours. Si vous saviez comme il pleure... cela
fait peine... il est si jeune! c'est pitié de laisser mourir
quelqu'un lorsqu'on n'a qu'un seul mot à dire...

RÉGINE, à part.

Elle me torture!

FIORETTA, à genoux.

Vous l'aimerez, n'est-ce pas, madame?

RÉGINE

Jamais! va... tu ne sais pas ce que tu demandes, et tu
ignores ce qu'il m'en coûte de te paraître cruelle... mais
aimer Piétro... jamais!

FIORETTA

Ah! vous nous aurez tués tous les deux! (Elle s'enfuit.)

SCÈNE III

RÉGINE, seule.

Fioretta! reviens! ne me dis pas que je te tue... mon
Dieu... moi qui meurs pour que tu vives! Ah! ces luttes
sont trop rudes, je ne veux plus qu'elles se renouvellent...
quand donc Julian viendra-t-il me chercher?

(La fenêtre se brise, Piétro entre masqué.)

SCÈNE IV

RÉGINE, PIÉTRO

RÉGINE

Grand Dieu! Au secours! Au meurtre!

PIÉTRO, se démasquant, très pâle.

N'appelez pas : c'est moi. Fioretta vous entendrait.

RÉGINE

Piétro! mais vous êtes fou! pourquoi ce masque? pourquoi passer par cette fenêtre?

PIÉTRO

Le masque vous l'aviez laissé tomber sur le balcon avec vos fleurs. Grâce à lui, j'ai pu cacher le vagabond à vos valets qui l'ont pu voir quelquefois mendier à votre porte un peu d'amour... et quant à la fenêtre, j'étais sûr en venant par là de ne me croiser avec personne.

RÉGINE

Mon Dieu... que voulez-vous, Piétro? vous m'avez fait grand'peur et je ne vous chasse pas... mais je vous demande de m'épargner, de me revoir demain...

PIÉTRO

Demain... Ah! demain, vous serez partie, et c'est pourquoi vous voulez que j'attende... non madame... non Régine, vous ne m'empêcherez pas de vous parler... on ne refuse pas cette grâce à ceux qui vont mourir. Une fois seulement vous dire que je vous aime... que vous êtes belle... oh! tu es belle... et je t'aime... et je t'adore...

(Il se laisse tomber à genoux.)

RÉGINE, souriant.

Allons... le voilà fait, ce grand aveu qui ressemble à tous les autres. Vraiment si l'on mourait de cela, la terre serait vide. Voyez-vous Piétro, tout le monde est comme vous à votre âge. Dans dix ans vous rirez bien, si je vous rappelle ceci.

PIÉTRO

Non, vous ne le pensez pas, que j'oublierai. Vous ne le pensez pas, que j'aime comme d'autres. Vous savez que j'étais ivre de grand air, fou de chansons, épris de mon art, fier de ma gueuserie, riche d'avenir et de liberté. Vous savez que toutes ces joies sont mortes et que le sourire d'un instant a suffi pour les jeter au vent comme des feuilles rousses.

RÉGINE

Je sais que Fioretta vous aime et vous attend... Je sais que vous la tuez en restant ici.

PIÉTRO

Oui, c'est vrai. Je serais moins barbare en prenant mon couteau pour ouvrir sa poitrine. Je fais un meurtre... Mais je punirai le meurtrier.

RÉGINE

Ah! les grands mots, et le grand fou! Vous avez bu trop de vin d'Asti et n'avez pas assez cajolé de contadines. Gageons que vous lisez Pétrarque... Voyez le beau pétrisseur d'argile... Michel-Ange était amoureux, sans doute, et Piétro ne peut faire moins que d'égaler son modèle... Allons, riez un peu, pour montrer ces jolies dents qui veulent mordre au fruit défendu.

PIÉTRO

J'attendais cela, madame. J'attendais la raillerie pour justifier mon dernier crime... Je ne vous demande plus qu'une grâce... c'est de ne pas vous détourner comme nos compatriotes aux courses de taureaux, mais de me regarder et de' vous rendre compte à quel point je saurai bien mourir.

(Il tire son couteau.)

RÉGINE, l'arrêtant avec un cri.

Malheureux! Ah malheureux! malheureux! Si tu savais seulement la vérité... mais non... rien ne changerait ton âme... voyons regarde-moi... Je vais être vieille... Sais-tu que je pourrais avoir une grande fille... la marier... devenir grand'mère.

PIÉTRO

Vous êtes jeune et je vous aime.

RÉGINE

Sais-tu que je suis courtisane? connais-tu les igno-
minies que ce mot renferme? Sais-tu que nous n'aimons
jamais, que nous mentons, que nous nous vendons, que
nous souillons ce qui nous touche.

PIÉTRO

Vous êtes pure et je vous aime.

RÉGINE

Tu me crois donc bien belle... tu ne m'as pas
regardée... Je n'ai pas le pied petit, mon bras n'est point
blanc et vois ma bouche : il manque une perle au col-
lier... tu es beau, toi, tu sais ce que c'est que de l'être...
et tu vois bien que je ne le suis pas.

PIÉTRO

Vous êtes belle et je vous aime.

RÉGINE

Enfant! demain peut-être je passerai au rang des
beautés mortes.

PIÉTRO

Ah! ton arme se retourne en tes mains car c'est ton

argument dont je veux me servir pour te convaincre!...
Tu vas cesser d'être jeune, dis-tu... on dit que c'est un
moment horrible dans la vie des femmes : Aussi, dans
leur instinct, regarde-les toutes... elles cherchent un bras
qui leur fasse passer le précipice... Je te donnerai l'im-
mortelle beauté dont le vrai nom n'est autre que l'immortel amour. Tu vieilliras... Qu'importe si je n'en sais
rien... tu n'en sauras rien toi-même. Nous briserons tes
miroirs méchants... Tu ne te verras que dans mes yeux.
Tes rivales elles-mêmes douteront de leur mémoire
quand elles t'apercevront appuyée sur mon cœur, et se
diront que tu es jeune et belle, puisque moi jeune, et beau,
je ne rêverai rien au delà du bonheur de t'avoir.

RÉGINE, à part.

Ah! pauvre Régine! Ah! malheureuse courtisane! tu ne
peux donc pas te dévêtir de ta chair amoureuse! tu ne
peux donc pas sans tressaillements entendre un accent
ému qui te supplie... misérable! tu ne devrais être que
mère... et tu te sens encore amante! (Revenant à Piétro.) Par
tout ce que tu as de plus sacré, tais-toi, mon pauvre
enfant, je t'en conjure!

PIÉTRO

Ah! tu m'as dit pauvre enfant! tu as mis dans ces mots
une tendresse infinie... Ah! je vais être heureux! tu vas
m'aimer...

RÉGINE, à part.

Mon Dieu!... inspirez-moi, par pitié! (Haut.) Voyons
Piétro, qu'est-ce que tu t'imagines? Je te parle... comme
une mère... car je pourrais l'être...

14

PIÉTRO, souriant.

Ah! méchante menteuse! dis aussi que je te parlais
en fils.

RÉGINE, à part.

Oh! quel éclair! le salut... le salut est là. Mon Dieu,
reçois mon sacrifice... A présent il n'y manque plus une
seule goutte de mon sang.

PIÉTRO

Dis encore que tu m'aimes!

RÉGINE

Ah! tu le veux... eh bien, je vais te le dire. Mais tu
sauras aussi comment et pourquoi. Dis-moi... tu n'as
donc jamais vu les mères regarder leurs enfants que tu
ne lis pas dans mes yeux les secrets de ma tendresse...
l'amour que tu me portes ne te prouve donc pas que tu
es mon fils?

PIÉTRO

Ton fils! Dieu tout-puissant!

RÉGINE

Oui, je suis cette mère ingrate qui vous a laissés là,
Fioretta et toi, livrés aux morsures des loups et de la
bise... Ah! il faut bien, que tu le croies! On ne fait pas
volontiers un aveu si dégradant... j'espérais te le cacher
toujours, mais quand j'ai vu ton erreur, il a bien fallu

parler... Maudis-moi... mais laisse-moi partir, et rejoins Fioretta la délaissée, pour que la tendresse du fils rachète enfin l'abandon de la mère et que l'orpheline ne nous maudisse pas tous les deux.

PIÉTRO

Oh! ma raison s'égare... pourquoi ne me disiez-vous rien?

RÉGINE

Hélas! comment comprendrais-tu les tentations de la fortune, l'éclat du théâtre, les milles vanités odieuses qui m'ont arrachée à vos berceaux... j'avais peur d'être accusée, haïe...

PIÉTRO

Moi t'accuser, pauvre âme! Oh non! je pardonne tout, j'oublie tout... Je suis si heureux.

RÉGINE, à part.

Heureux!

PIÉTRO

Car enfin je t'ai devinée! cet impérieux attrait qui me poussait vers toi c'était l'instinct filial! Va, je ne regrette pas mes paroles... Je veux te les redire avec leur intention nouvelle. Voilà donc pourquoi tout mon être se prosternait sur tes pas... j'aurais dû le comprendre! Est-ce que c'était possible à mon âge, humble et timide comme moi, d'aimer la Pernoli, ce bel astre empourpré, si fier à ses derniers rayons... Ah! tiens, c'est maintenant que tu

n'auras plus de vieillesse à craindre. Tu sais, le poète l'a
dit... les mères n'ont d'autre âge que celui de leurs
enfants.

RÉGINE, à part.

Ah Dieu! pourquoi n'est-ce pas elle qui me dit tout
cela.

PIÉTRO

Ainsi je n'étais pas ingrat envers mon amie! Je peux
vous chérir toutes deux sans injure. Oh! la chère enfant,
où est-elle? que je tarisse toutes ses larmes.

RÉGINE

La voici... parle-lui... je n'ai plus de forces... à tout
à l'heure.

SCÈNE V

FIORETTA, PIÉTRO

FIORETTA, arrivant éperdue.

Toi! Ah! je te retrouve!... je t'ai cru mort d'amour
pour elle... mais tu vis! je ne demande rien de plus.

PIÉTRO

Oui, je vis, mon ange adoré. Je vis pour toi, seule
femme que j'aie jamais aimée...

FIORETTA

Que dis-tu? La Pernoli...

PIÉTRO

Oh! Fioretta... la Pernoli n'est pas ta rivale!... viens... sortons d'ici... je veux prendre à témoin de mes serments la nuit étoilée qui a compté tes soupirs. Je veux te mener aux pieds de la madone qui te ressemble, et là, m'engager à toi pour jamais.

(Il l'emmène ; la nuit tombe peu à peu.)

SCÈNE VI

RÉGINE, s'approche et va vers la fenêtre.

Elle disparaît entre les branches comme l'ombre du bonheur entrevu... elle s'en va... plus rien ne bouge. C'est la nuit... c'est la mort. Elle retombe sur son fauteuil. Dieu est juste... il l'est effroyablement. Dans l'orgueil exultant de ma vingtième année, je n'ai pas songé qu'il vient un âge où la maternité nous sert de refuge contre la déchéance de nos charmes. — Je ne cherchais que l'amour: l'enfant est venu. C'était alors qu'il fallait tout quitter pour m'absorber en lui... je ne l'ai pas compris, j'ai laissé d'autres mains plier ses premiers langes, et ces mains ont dérobé mon trésor... privée d'enfant ai-je songé à me faire un foyer, une famille? ai-je désiré qu'un autre espoir gonflât mes stériles entrailles? Non, j'ai repris ma chasse au bonheur, à travers les sentiers fleuris du

14.

succès. J'ai voulu d'eux jusqu'à ce qu'ils m'aient fait voir que bientôt ils ne voudraient plus de moi... je me penchais déjà sur l'abîme quand Dieu m'a rendu ma fille, et je me suis crue sauvée du désespoir ; mais c'eût été trop commode de recueillir la moisson sans avoir ensemencé le sol... il était trop tard pour devenir mère. Ce divin métier s'apprend tout jeune, et mon ironique destin m'a dit à l'oreille : Toi qui n'as voulu qu'être femme, sois-le éternellement, follement, pour ton malheur et ta honte ; sois-le malgré toi, à travers la maternité reconquise, et fais-toi horreur à toi-même en évoquant entre ta fille et toi le fantôme des voluptés interdites... oui, malheureuse Régine, il est trop tard... la maternité ne te guérira pas... c'est autre chose qui doit te sauver... (Elle aperçoit Julian.) Ah venez... venez Julian... aidez Régine à bien mourir.

SCÈNE VII

JULIAN, RÉGINE

JULIAN

Non, Régine, car votre sublime fraude a tout réparé. Vous venez de faire deux heureux, et désormais vous pouvez vivre entourée de vos enfants...

RÉGINE

Hélas ! Vous ne savez pas ce qui s'est agité pendant une minute au fond de mon cœur ! Quel vieux levain d'amoureuse y fermentait! Un moment j'ai cru avoir conjuré ma sentence. L'oracle ne disait-il pas : si tu aimes, tu vivras... mais ce mot d'aimer, s'appliquant à moi, pécheresse, voulait dire le don entier de moi-même... aussi ma vie s'en va, je le sens... Je vous l'avais toujours dit, que vos cheveux blancs se pencheraient un jour sur ma tête brune, pour un premier et dernier baiser... vous me survivrez quelque temps... vous verrez le bonheur de ma fille... Oh! philosophe... dites-moi que les morts peuvent regarder ce monde.

JULIAN

Hélas!

RÉGINE

Vous souvenez-vous, Julian? Je m'ennuyais. La mort même me semblait une dérision, un jeu sans saveur et sans but. A cette heure je souffre le martyre... eh bien, malgré tout, c'est meilleur qu'autrefois, car je donne ma vie pour sauver une vie cent fois plus précieuse. Elle avait prédit juste, ma fille! elle est savante, elle est divine! elle a du feu dans le cœur et du miel dans l'âme. Quelle enfant j'ai eue là, mon Dieu! et c'est une héroïne aussi! comme elle sait aimer!.. si vous l'aviez vue quand elle me suppliait de céder... cela m'éblouissait comme un astre, cette abnégation si simple et si grande. Va-t-il l'adorer, ce Piétro! Tout est mieux ainsi, voyez-vous. Si j'avais vécu, je me serais trahie un jour. J'aurais nié ma fausse maternité pour réclamer la vraie; oui, tout est mieux ainsi... des larmes... ah! mon ami, c'est la première fois que je vous vois pleurer.

JULIAN

Je ne pleure pas sur vous. Pour rien au monde je
n'aurais la cruauté de vous retenir ici-bas. Je pleure sur
le vieillard qui reste et qui ne vous a retrouvée que pour
vous perdre.

RÉGINE

Oh! véritable ami! vous avez la grande famille
humaine qui vous réclame. Merci de l'avoir quittée pour
suivre la Pernoli dans sa dernière étape... Je vous rends
à ceux qui souffrent, à vos amis, à vos élèves, à tout ce
qui vous bénit et vous admire... J'ai peut-être coloré
d'une lueur douce quelques-unes de vos pensées austères ;
s'il en est ainsi, je pars contente.

JULIAN

Oui, Régine, vous avez plané sur mes arides études
comme la vision du beau, comme la révélation de la femme.
Votre voix m'ouvrait à travers mes rigoureux problèmes
l'espace des sensations illimitées... Régine, faites-moi
entendre une fois encore ce chant incomparable...
enlevez-moi dans des régions où rien ne me portera
plus désormais.

RÉGINE, allant au piano.

Pauvre voix... pauvre orgueil!... tenez... c'est un air
de France que chantait la berceuse à l'hospice.

Nous som' venus vous voir
Du sein de not' village,
Pour souhaiter ce soir
Un heureux mariage
A Monsieur votre époux
Aussi bien comme à vous.

JULIAN

Encore ! Encore !

RÉGINE

Avez-vous écouté
C' que vous a dit le prêtre,
A dit la vérité
Ce qu'il vous fallait être,
Fidèle à votre époux
Et l'aimer comme vous.

JULIAN

Le dernier couplet Régine.

RÉGINE

Recevez ce bouquet
Que nous venons vous tendre,
Il est fait de genêt
Pour vous faire comprendre
Que tous les vains honneurs
Passent comme les fleurs.

(Elle s'arrête.)

Ah ! ce chant me brise ! un époux, un foyer... mon Dieu ! c'est pour cela que vous m'aviez faite, et non pour ces vains honneurs qui passent... Au moins, que ma fille connaisse toutes ces joies et que la dernière chanson de sa mère soit l'hymne de ses noces.

SCÈNE VIII

LES MÊMES, FIORETTA

FIORETTA, qui se jette dans les bras de Régine.

Madame ! merci ! Il m'aime...

RÉGINE, à part.

Dieu bon ! vous m'avez laissé vivre assez pour l'entendre de sa bouche !

FIORETTA

Vous chantiez, tout à l'heure, madame... moi aussi, je venais de chanter tout un cantique d'actions de grâces.

RÉGINE

Elle bénit Dieu et je vais mourir... mourir sans m'avouer sa mère... mourir pour elle quand j'aurais pu vivre pour elle.

FIORETTA

Qu'avez-vous? vous pâlissez ?

JULIAN

C'est la mort, Fioretta.

FIORETTA

Oh ciel ! est-ce que vraiment vous allez mourir, madame ?

RÉGINE

Dis-moi « ma mère » puisque ton époux me nomme ainsi... et puis, je t'ai bien créée un peu, moi qui suis ta nourrice...

FIORETTA

Ma mère... ah ! le destin l'a donc voulu. Votre vie est le prix de mon bonheur... Que sommes-nous venus faire sur votre route... pourquoi vous ai-je prédit l'avenir... pourquoi votre fils vous a-t-il vue ?

RÉGINE

Tais-toi. J'ai pris les fièvres ce soir-là. Demande au grand médecin que voici... Tu vois, il dit que c'est vrai. Ne te reproche rien, mon innocente.

FIORETTA

Ma mère.... laissez-moi aller chercher Piétro... il va vous aider, vous consoler... Mère, il vous faut bien votre fils !

RÉGINE

Non, non, je ne veux que toi, je te le jure... Tu sais... Je t'aime déjà comme si j'étais ta mère... Viens que je m'emplisse les yeux de toi, avant qu'ils ne se ferment...

Comme ta taille est jeune ! tu n'es pas encore une femme
et tu es déjà une sainte. Tu diras à Piétro que je lui com-
mande de te rendre heureuse. N'aie pas trop de regrets
sur moi. Tu ne saurais croire comme la mort est douce.
Tu m'as vue désolée, jadis. Tu t'étonnais, pauvre petite,
de ce détachement fait de stérilité... maintenant tout est
changé pour moi. C'est la sensation la plus exquise...
C'est la certitude de l'œuvre accomplie... C'est le ciel...
et toi, mon ange gardien, tu m'en as montré la route.
Viens près de moi, ma fille... je t'aime...

    (Elle meurt.)

       FIORETTA, cachant sa figure dans ses mains.

Mon Dieu !

      JULIAN, ramenant le voile de Régine sur son visage.

Dors en paix, Régine ! Tu es sauvée : **tu viens d'entrer**
au port de la jeunesse éternelle.